国家安全法治研究丛书

国际法体系下的岛礁建设

问题与实践

Islands Construction under
the International Law System

Issues and Practices

邢 政 著

上海交通大学出版社
SHANGHAI JIAO TONG UNIVERSITY PRESS

内容提要

　　本书研究了国际法项下中国岛礁建设的基本理论问题，呈现了岛礁建设国际法规则和原则在这一研究领域中的历史沿革、发展现状、国家实践及发展前景；全面展示了主权国家在岛礁建设问题上的国际法立场，重点解决了主权国家进行岛礁建设所面临的国际法属性、权利基础、行为效力、海洋环境保护、航行安全方面的现实困境，并对我国的岛礁建设进行了评论与分析。作为应对气候变化、海平面上升这一国际难题，本书着眼于"国际的问题，中国的视角"，注重从中国模式、中国实践、中国经验中提炼出普遍的国际法理论创新与实践，为我国引领国际法制度创新与变革准备条件，积蓄力量。

图书在版编目（CIP）数据

　　国际法体系下的岛礁建设：问题与实践 ／邢政著.
上海：上海交通大学出版社，2024.12 -- （国家安全法治
研究丛书）. -- ISBN 978-7-313-31908-1
　　Ⅰ. D993.5
　　中国国家版本馆 CIP 数据核字第 2024E7Z803 号

国际法体系下的岛礁建设：问题与实践
GUOJIFA TIXIXIA DE DAOJIAO JIANSHE：WENTI YU SHIJIAN

著　　者：邢　政			
出版发行：上海交通大学出版社	地　　址：上海市番禺路 951 号
邮政编码：200030	电　　话：021 - 64071208
印　　制：苏州市古得堡数码印刷有限公司	经　　销：全国新华书店
开　　本：710 mm×1000 mm　1/16	印　　张：11.5
字　　数：172 千字	
版　　次：2024 年 12 月第 1 版	印　　次：2024 年 12 月第 1 次印刷
书　　号：ISBN 978 - 7 - 313 - 31908 - 1	
定　　价：49.00 元	

国家安全法治研究丛书

编 委 会

总主编： 董卫民

编　委： 沈　伟　韩　燕　杭　燕　巫社广

总　序

　　国家安全是安邦定国的重要基石,围绕国家安全法治开展多视角、多领域、多法域和多方法的深度研究,是学习和落实总体国家安全观的现实需要。法治是治国理政的基本方式,保障国家安全是现行法律的应有之义。有感于此,我十分乐意为这套"国家安全法治研究丛书"写序,既为推荐,更是共勉。

　　法律是治国之重器,良法是善治之前提。从社会主义法制到社会主义法治,从依法治国到全面依法治国,从形成中国特色社会主义法律体系到建设中国特色社会主义法治体系,一幅波澜壮阔的法治画卷正在徐徐绘就。党的十八大以来,我国的国家安全法治建设取得历史性成就,发生历史性变革,以《中华人民共和国国家安全法》实施为引领,《中华人民共和国反恐怖主义法》《中华人民共和国网络安全法》《中华人民共和国香港特别行政区维护国家安全法》等20余部国家安全专门立法接连出台,110余部含有国家安全条款的法律法规相继制定、修订。我本人从事法治研究40余年,时至今日,最直接的感悟就是中国法治环境的持续改善,法治为强国建设提供了坚实支撑。

　　当前,世界百年未有之大变局加速演进,以中国式现代化全面推进中华民族伟大复兴进入关键阶段,面对风高浪急甚至惊涛骇浪的重大考验,我们所面临的国家安全问题的复杂程度、艰巨程度明显加大,如何维护国家安全,法治既是当务之急,又是重中之重。

　　本系列丛书以国家安全为主轴,对传统安全和非传统安全的各个领域展开系统化研究,既有美国高校使用的专业课教材,也有国际前沿领域专家学者论文的精选;既有国家安全问题的专著,也有专题文献的汇总。每一部书深入、详尽地分析与国家安全有关的理论、案例、问题和制度,从一个核心问题出发,由浅及深地阐述,有助于读者在国内法、比较法和国际法的不同视野下,在世界之变、时代之变、历史之变的大背景下理解国家安全法治的重要意义,了解其他国家的国家安全法律体系和制度,特别是思考在非传统安全领域的新型安全问题所面临的风险和挑战。本系列丛书将开放地吸收国家安全研究的最新成果,将我国和世界其他国家的经验、教训、理论、实践加以归纳和总结,以达到探讨、反思、学习和借鉴的目的。

对我而言,阅读本系列丛书的过程,也是进一步学习和研究国家安全法治的过程。世界各国几乎都有保障国家安全的立法。美国是国家安全法律体系最为完备的国家,最早专门就国家安全进行立法,从1787年通过《美利坚合众国宪法》之后,又陆续出台了国家安全领域的综合性、系统性法律法规,国家安全立法可谓贯穿其整个历史,涵盖内容无所不及。因此,全面理解和认识美国的国家安全法律体系,特别是在中美关系日益复杂、美国全面遏制我国的背景下,对我们做好国家安全工作有着重要的借鉴意义。

我国的国家安全法治体系建设,需要在理论研究方面有所挖掘和创新,更好服务国家安全的战略需求,需要在实践层面有所探索和突破,从法律制度的运行实践中发现问题、总结经验、认识规律,推进国家安全体系和能力现代化。此外,非传统国家安全领域和新兴国家安全议题值得关注。进入数字时代,数字经济是继农业经济、工业经济之后的主要经济形态之一,是高质量发展之路的重要引擎,是新一轮国际竞争重点领域。例如,数字货币这一挑战国家现有主权货币的重大变化,有可能成为未来金融体系的重要组成部分,中国也在积极研发和推出央行数字人民币,走在全球前列,为数字经济竞争创立新的优势。与此同时,数字货币也产生了一系列风险,例如价格波动、安全性问题和监管难题等,需要加强法律制度建设。本丛书对于数字货币的系统研究尤其具有现实意义。

利莫大于治,害莫大于乱。国家安全是国家发展的重要基石,确保国家安全和长治久安必须在法治的轨道上,久久为功、驰而不息。

是为序。

周汉民系全国政协常委、民建中央原副主席、十三届上海市政协副主席、上海中华职教社主任、上海公共外交协会会长。

从太空遥望人类居住的这颗美丽的蓝色星球,漂浮在茫茫蓝色大海上的陆地彰显着造物主的气势磅礴,而星罗棋布如珍珠般散落在蓝色画卷上的岛屿、礁石却又是那样的精雕细琢。造物主在给予大陆丰富自然资源的同时,同样赋予岛屿、岩礁旖旎的自然风光,岛屿是人类休闲旅游的乐土、鸟类栖息的天堂、海洋生物的乐园,岛礁成为一种极具价值的海洋资源。人类向海洋索取生存空间的历史脚步从未间断,从埃及人利用尼罗河三角洲进行耕作到荷兰人围海造地,人类不断将自己的生存空间向海洋延伸,荷兰20%的领土依靠围海造地所得。[1] 随着科学技术的飞速进步,人类对于海洋的利用无论是在深度上还是广度上都发生了质的变化。海洋开发管理活动向着高精尖的方向发展,开发的领域从近岸扩展到远洋,岛礁建设应运而生,作为人类开发利用海洋空间资源的又一创举,造陆工程由近岸走向远洋,孕育出的一个个海上绿洲不断点缀着蔚蓝色的海洋。

岛礁建设是人类开发利用海洋空间资源的重要方式。随着海洋时代蓝色风暴席卷全球,海洋中岛屿已经瓜分殆尽,通过先占手段取得新的领土已经没有了可能。[2] 海平面上升加速了小型岛屿国家领土的消亡,一些国家依靠填海造地以维持国家资格如马尔代夫在距离首都马累东北约1.3公里处修筑了胡马累,作为国家的陪都。[3] 新加坡通过填海活动新增领土面积

---

[1] 邹克渊:《岛礁建设对领土争端的影响:国际法上的挑战》,《亚太安全与海洋研究》2015年第5期,第19页。

[2] 黄瑶、凌嘉铭:《从国际司法裁决看有效控制规则的适用:兼论南沙群岛主权归属》,《中山大学学报(社会科学版)》2011年第4期,第168—180页。

[3] Hulhumalé. The City of Hope, https://hdc.com.mv/hulhumale/,最后访问日期:2020年3月15日。

138 平方公里；①迪拜耗资 140 亿美元建造的棕榈岛每年接待上千万的游客，成为世界著名的旅游景点。美国早在 1934 年就开始对约翰斯顿环礁进行建设，如今已经将其打造成为重要的军事基地。岛礁建设作为一项海洋开发活动不仅关系沿海人民的生活福祉，而且关系国家的政治稳定、经济发展、国家安全。

岛屿制度在执行中产生了人工岛屿的新问题，对《联合国海洋法公约》（简称《公约》）确立的海洋秩序形成了新的挑战。领土法与海洋法间呈现出一种不可调和的张力，导致岛礁建设活动容易引发争议。一方面，国际法中领土概念与《公约》中岛屿认定存在矛盾，《公约》第 121 条关于岛屿和岩礁所获得的管辖海洋的能力存在巨大差别，《公约》既没有对岩礁的概念予以清晰的阐明，又没有对认定岛屿法律地位的"人类居住"要素和"本身的经济生活"要素进行详细的说明，对于以上两个要素的判断在国家实践层面具有任意性特征，导致岛屿争端中岛屿法律地位问题的产生。② 然而，传统国际法与现代海洋法制度在上述问题上也存在矛盾与缺失，岛屿、岩礁（统称岛礁）符合国际法对于领土的规定，但在面对产生管辖海域能力方面却存在巨大的差别。各国为维护国家利益，主张本国控制下的海上地物满足岛屿的构成要素，甚至积极采取"升级"措施"变礁为岛"。另一方面，自然添附与人工添附均为国际法所允许的领土取得方式，而《公约》作为"海洋宪章"所规定的岛屿制度，却忽略了领土法上添附制度对岛屿制度带来的影响。此外，《公约》还剥夺了人工岛屿在产生管辖海域方面的能力，进而产生混合岛屿的问题，引起学界的关注。③ 问题涵盖领土安全、海洋权益、航行安全、能源安全开发等诸多方面，其中领土安全处于核心地位，岛礁建设与领土安全问题联系密切。

由此观之，岛礁建设作为当今国家开发利用岛礁资源的重要方式，在政治、经济、军事等领域发挥着不可替代的作用。维护现行海洋秩序需要依靠《公约》的力量，然而《公约》确立的海洋秩序也是建立在充分尊重国家领土

---

① Land reclamation in Malaysia puts environment, endangered turtle at risk, https://news.mongabay. com/2016/12/land-reclamation-in-malaysia-puts-environment-endangered-turtle-at-risk/，最后访问日期：2020 年 3 月 15 日。
② 樊懿：《海洋法下的岛礁之辨》，武汉大学博士学位论文，2013 年，第 6 页。
③ 邹克渊：《〈联合国海洋法公约〉实施中的若干新问题》，《中山大学法律评论》2013 年第 2 期，第 3—13 页。

主权的基础之上的。《公约》是"一揽子协议",出于平衡多方利益的考量,尤其是传统海洋强国和发展中国家的利益。在这样的"一揽子协议"当中条款的模糊化表述、不明确的指代,甚至条款之间可能存在矛盾。① 所以,对岛礁建设的研究不能局限于《公约》之中,应将其融入整个国际法体系。为保障南沙群岛岛礁建设的进一步实施,并跳出西方大国以及声索国布下的层层陷阱,应当加强对岛礁建设相关理论问题的研究,以促进国际法理论推陈出新。

岛礁建设议题作为热点问题,不仅关系我国问题的和平解决,而且关系《公约》框架下岛屿等制度的发展与完善。随着我国对岛礁的建设告一段落,我国岛礁建设取得了阶段性的成果,②接踵而至的结果是争端的情势将变得更加复杂。所谓"一着不慎满盘皆输",而岛礁就像棋盘上的棋子一样对于维护我国权益起着至关重要的作用,更是解决与周边国家海洋划界的基础。保护好我国的岛礁主权、维持现有岛礁的总体可控态势是解决问题的关键。在国家策略层面上,应采用岛礁建设方式解决我国岛礁主权问题,采用由部分到整体的思路,逐步解决岛礁争端。对岛礁进行开发建设有利于维护我国的海洋权益,并可以进一步加强对岛礁的有效控制。因此,加强岛礁建设问题研究具有重要的现实意义。

在理论意义方面,首先,加强对岛礁建设概念及相关理论问题的研究可以发展和丰富国际法理论,促进国际法规则推陈出新。"造岛"行为被赋予了高度的自由,被视为主权国家的一项行为权利,③在《公约》起草阶段仿佛被忽略,只有部分关于人工岛屿的论著中提到上述议题。④ 而以《公约》为代表的现代海洋法体系所确立的海洋秩序,丰富发展了直接"造岛"行为的国际法规则。但是,岛礁建设作为现代海洋法与领土法碰撞形成的历史遗留问题,岛礁建设活动可能影响岛屿周边国家的海权权益,从而引发海洋争端。其次,促进对《公约》中与岛礁建设制度相关问题的理解与进一步阐述。

① 邹克渊:《〈联合国海洋法公约〉实施中的若干新问题》,《中山大学法律评论》2013年第2期,第12页。
② 新华网:《决胜全面建成小康社会夺取新时代中国特色社会主义伟大胜利》,http://www.xinhuanet.com/2017-10/27/c_1121867529.html,最后访问日期:2020年3月3日。
③ 俞世峰:《造岛行为的主权合法性判别》,《法学》2015年第7期,第125页。
④ 邹克渊:《国际海洋法对构建人类命运共同体的意涵》,《中国海洋大学学报(社会科学版)》2019年第3期,第13—14页。

《公约》重构了世界海洋秩序，作为历史发展的产物，其具有历史局限性。科技发展导致《公约》的部分规定显得不合时宜，而通过研究岛礁建设的国家实践，有利于重新审视《公约》中领海制度、岛屿制度、人工岛屿制度、专属经济区制度和大陆架制度的有关规定。最后，丰富我国对于争端的理论研究成果。作为我国海洋法层面面临的重要问题，有关岛屿主权争端、划界争端以及自然资源开发争端一直是我国争端的主要研究内容。岛礁建设作为我国强化岛礁有效控制的重要手段，对其进行研究有助于寻求国际法理论的支持。

　　党的十八大报告充分肯定了我国在岛礁建设方面所取得的成就。岛礁建设的积极作用体现在对航运条件的改善方面。作为我国对外交往的重要航道，海洋是我国与世界各国交往的前沿阵地，但是由于海域面积大、航程远、海域风浪变化等诸多原因，现已成为阻碍航行的重要制约因素。而我国进行岛礁建设活动有利于改善通航条件、提升海上搜寻与救助能力，将岛礁建设成为海上丝绸之路上的"海上驿站"，为各国提供更为丰富的国际公共服务，更好地履行国际义务。此外，通过利用岛礁建设，小型岛屿国家可以保全其陆地领土，以应对气候变化导致的海平面上升，延续国家资格。[①]然而，中国的岛礁建设活动却被某些域外国家渲染为危害地区安全与秩序的行为，而美国执行重返亚太的国际军事政策，在一定程度上加剧了局势的紧张程度。这些国家别有用心，将我国正常实施的岛礁建设活动曲解为军事化的前奏，大肆宣扬中国威胁论，这些都为争端的和平解决增加了诸多障碍。面对个别国家的恶意诽谤和无端指责，我国需要发出自己的声音，捍卫我国的领土主权，维护国家利益。此外，在消除相关不利国际舆论影响的同时，还需要从国家实践的实际角度出发，结合当下的国际法体系，积极研究与岛礁建设有关的国家安全、海洋安全、生态安全、环境安全、航行安全等有关内容，合法合理地开展岛礁建设，以维护我国海洋权益，提高海洋安全的保障能力，履行环境保护、生态保护义务，维护海上航行安全，推进岛礁建设国内法律体系的进一步完善。

[①] 何志鹏、谢深情：《领土被海水完全淹没国家的国际法资格探究》，《东方法学》2014 年第 4 期，第 82—93 页。

CONTENTS **目录**

第一章
岛礁建设的国际法理论基础

随着我国岛礁建设取得成果的初步显现,我国对南沙群岛的管控能力得到大幅度提升。机场、港口、医院、营房等设施建设也不断丰富着岛礁的社会经济生活。虽然我国的岛礁建设取得了举世瞩目的成就,但是由于岛礁建设概念界定不清晰,少数国家对于我国岛礁建设还存在些许误解。岛礁建设涉及岛屿制度、基点确定、领土争端等一系列问题。因此,本章比较不同流派对岛礁建设所依据的国际法源流,为岛礁建设的定义厘清脉络,同时厘清岛礁建设的来龙去脉,明确岛礁建设的概念,并在此基础上申明国际法原则对岛礁建设活动的影响。

第一节　岛礁建设的国际法源流与概念厘定

关于岛礁建设的权源在现行国际法还没有明确的规定。通过对岛礁建设概念的探索,学界还没有形成统一的定义。此外,从国家实践层面来看,岛礁建设的理论研究滞后于国家实践。因此,确定岛礁建设的概念,需要对历史上的岛礁建设的国家实践与外在表现进行总结与分析,以厘清岛礁建设在国际法层面的真实内涵。

一、岛礁建设的国际法发展源流

探究岛礁建设的真正含义需要考察岛礁建设的国际法源流。通过考察历史上关于岛礁建设的国家实践,有助于理解传统国际法中领土添附

(accession)对岛礁建设的作用与影响。然而，由于领土法与海洋法的二元制结构中，岛礁建设在海洋法上得出的评价可能与传统国际法存在不同，因此需要通过对不同历史时期、不同理论体系下对岛礁建设国家实践进行分析，厘清岛礁建设的来龙去脉。

（一）早期人类活动与岛礁建设的产生

作为陆地上生存的生物，人类对陆地的认知要比海洋深刻得多，人类可以征服最高的山峰，却不能到达世界最深的海沟，虽然海洋对于人类发展所作的贡献已经得到了广泛认可，但是人类对海洋的认识却经历了一个漫长的历史过程，在此过程中，人们对海洋、岛礁的利用表现出了不同的形态与认知，人类对于海洋中岛屿、岩礁的利用也在逐渐萌发，为人类开发利用海洋奠定了基础。

第一，早期的岛礁建设活动与陆地领土的建设和利用具有同质性，即最早的人类岛礁建设活动依附于陆地建设活动。古代的海洋和空气被认为是共有之物，处于各国、各民族共同使用的状态。[①] 随着罗马帝国的不断扩张，地中海逐渐成为内湖，帝国内开始出现了一些论证君主权力应及于海洋的主张。意大利法学家巴尔多鲁曾经论证沿海国对毗连的水域有管辖权；[②]岛屿海洋中的陆地领土，亦应具有对其周边所毗连的水域产生管辖的能力。封建君主为维持其统治，会对这些岛屿进行开发建设，修建房屋村舍、港口码头、屯垦开荒等，此时的岛礁建设重视开发领土本身的价值，主要依附于人类的经济生活。

第二，早期岛礁建设具有领土利用的基本性质。岛礁建设离不开国际法中重要的概念，即领土。领土是指隶属于国家主权的地球的特定部分。[③]岛屿作为永久高于水面自然形成的陆地，符合领土要件并被国家视作一国的领土。从古至今领土都是政治和法律两个层面的重要概念，早期的领土属于私法中的权属概念。《中庸》云："尊为天子。富有四海之内。宗庙飨之，子孙保之。"《史记》记载："饶子丹朱，舜子商均，皆有疆土，以奉先祀"。

---

① 杨泽伟：《国际法》，高等教育出版社 2012 年版，第 174 页。
② 杨泽伟：《国际法》，高等教育出版社 2012 年版，第 174 页。
③ 杨泽伟：《国际法》，高等教育出版社 2012 年版，第 149 页。

古希腊先贤亚里士多德将城邦的国土作为城邦的基本配备。① 领土的作用在于维持人们的正常生活,其中亦含有充分利用之意。② 领土的一项重要功能便是维持一定数量人口的生存,因此,当一个国家将岛屿作为其国土或一个民族诞生于岛屿时,其对岛屿进行的利用、开发就是岛礁建设的原始形态。

第三,岛礁建设的空间范围基于领土概念的变迁而不断扩展。领土随着人类社会的发展,其空间范围不断发生变化,领土的范围不止于一个平面的细小维度,而是向海洋、天空扩展,从大陆转向岛礁。正如奥地利学者凯尔森所述,领土不应注重其平面结构。事实上,国家领土是一个三维的立体空间,国家的主权范围在空间上得到了进一步的扩展,不仅局限于传统意义上的疆界,而是上覆天空,下载底土,各国的领土最终在地心处汇合。③ 同时,虽然凯尔森认为领土是国内法律秩序的有效范围,但仍存在广义的国家领土,例如公海、无主地。尽管岛礁建设能够在以上广义领土范围内实施和开展,但是岛礁建设的实施范围受制于当时的科技条件。

如上所述,领土的概念经历了从陆地向海洋,从二维空间向三维空间、从近岸岛礁向远洋岛礁的历史转变。岛礁建设依附于领土概念之下,岛礁建设也受到其深刻的影响。首先,岛礁建设从领土的开发利用活动向海洋开发活动转变。其次,随着主权理论从私法向公法的过渡,岛礁建设活动也从私行为向国家行为转变。最后,随着领土概念的深入发展,岛礁建设越来越受到关注,并产生了更多的国家实践。随着国际法理论的不断发展,岛礁建设进入了一个新的历史时期。

(二)传统国际法对岛礁建设法律原则的初构

岛礁建设在传统国际法上没有确切的概念界定。从语境分析角度,其包含着对岛礁的建设和利用;从英文表述"Islands and Rocks Construction"或"Islands Building"来看,岛礁是对象,建设是行为。由于岛礁建设准确定

---

① [古希腊]亚里士多德:《政治学》,吴寿彭译,商务印书馆 1980 年版,第 352 页。
② 亚里士多德认为,就领土的面积大小或土地面积说,应当以足使它的居民能够过闲暇的生活为度,一切供应虽然宽裕但须节制。
③ [奥]凯尔森:《法与国家的一般理论》,沈宗灵译,中国百科全书出版社 1996 年版,第 242 页。

义的缺失，其实质内涵需要结合国家实践的情况予以进一步确定。传统国际法认为，岛屿和岩礁具有构成一国领土的资格，针对岛屿、岩礁的改良利用主要体现在两方面：一是对岛礁的功能改良建设，例如修建海港、围堰筑堤；二是对岛礁自身实施的添附建设，例如围海造田、填海造陆。在造陆效果方面，岛礁建设与近海造陆的区别不大，其法律效果表现为国家领土的增加和国家管辖范围的增加。在 1805 年"安娜号案"中，密西西比河冲击形成于美国 3 海里内的小泥岛属于美国领土，而小岛周边 3 海里属于美国的领海，美国因此对该区域享有属地管辖权。[①] 3 海里范围是当时领海的宽度，自然添附形成于领海内的小岛，在法律上拓展了美国对周边海域的管辖范围。

第一，岛礁建设在扩展领土主权方面符合传统国际法中领土添附的特征。添附是指新土地形成并添附于原有土地的地理过程，例如在河口出现新的岛屿的情况，是一种至今有效的领土取得方式，[②]添附又分为人为添附与自然添附，前者包括三角洲、河流侵蚀沉积和新生岛屿；后者则表现为围海造田、围堰筑堤、填海造陆等。[③] 早期国家岛礁建设主要以人工添附为主要内容。《奥本海国际法》指出，海洋领土的添附要增加"领海标准"，岛屿产生在领海以外的公海，它们就不属于任何国家的土地，任何国家可以通过占领而取得它们。如果岛屿产生在领海内，它就依附于沿岸国的土地，而领海的范围就在此刻从新生岛屿的海岸起算。[④] 同时，该书进一步指出："一个国家，如果它愿意，可以在最低低潮后建造人工土地并将其填入大海，从而增加土地和领土，因为领海始于扩大的海岸"。[⑤] 19 世纪 70 年代，汤加王国对密涅瓦礁的两处低潮高地通过倾倒砂石、水泥浇筑的方式，使得其永久高于海面，并声称其为岛屿；[⑥]马尔代夫作为一个低地势岛屿国家，为应对气候变暖导致海平面上升所带来的威胁，在距离首都马累 1.3 公里的环礁、泻

---

① 梁淑英：《国际法教学案例》，中国政法大学出版社 1999 年版，第 216 页。

② 贾兵兵：《国际公法：和平时期的解释与适用》，清华大学出版社 2015 年版，第 268 页。

③ 王铁崖：《国际法》，法律出版社 2005 年版，第 237 页。

④ ［英］劳特派特修订：《奥本海国际法》（上卷第二分册），王铁崖、陈体强译，商务印书馆 1989 年版，第 82—83 页。

⑤ 俞世峰：《造岛行为的主权合法性判别》，《法学》2015 年第 7 期，第 125 页。

⑥ Nikos, Papadakis. The International Legal Regime of Artificial Islands. *Sijthoff Publications on Ocean Development*, 1977, p.93.

湖上建造了胡马累。① 以上国家实践证实了岛礁建设充分符合传统国际法的规范,通过对国家领土主权之下的岛礁进行建设,扩展国家领土主权范围已得到国际社会的广泛认可。

第二,尽管岛礁建设议题存在广泛的国家实践,其权力行使不是没有边界,而是受到领土主权的限制。国家对其实施的岛礁建设活动具有管辖权,对在建的岛礁享有领土主权,但岛礁建设活动通常会受到两种限制:一是来自国际法对国家领土主权的限制,例如使用领土不得损害邻国的利益;二是对特定国家的领土主权有特殊的限制,例如国际条约对特定国家的领土主权所作的限制、国际地役权等。

回顾传统国际法对岛礁建设的法律塑造,以及结合学术和司法实践的观点,在此时期的岛礁建设活动首先体现了领土主权的具体内容,表现为主权国家对其领土范围内的岛屿、岩礁的改良和建设活动;其次,体现添附在领土取得方面所发挥的作用;最后,国际法原则对岛礁建设的调整,催生了岛礁建设概念的丰富和发展。因此,在此时期内的岛礁建设完全受领土法调整。

（三）现代海洋法发展对岛礁建设的新要求

自 20 世纪 50 年代开始,国际海洋法得到了极大发展,联合国前后召开了三次海洋法会议,并组织了对海洋法条款的编纂,最终形成具有代表性的"海洋宪章",即《公约》。《公约》改变了世界海洋的政治和地理格局,由此引发世界范围内的"蓝色圈地"运动。②《公约》的产生凸显了科技发展对国际海洋法秩序的影响,深化了各国对海洋空间资源价值的认识。日益激烈的海洋资源争夺,传统国际法上人工添附被引入国际海洋法领域,岛礁建设走出国家主权范围,催生了世界范围内的"造岛"行为、"变礁为岛"和人工岛屿建设。日本更是将此种手段发挥到了极致,在距离东经 1 340 公里外的"冲之鸟"实施"造岛",并欲以此蚕食周边的海洋资源。③ 在《公约》的影响之

---

① Maldives rises to climate challenge. BBC, http//news. bbc. co. uk/2/hi/south_asia/7946072. stm,最后访问日期:2020 年 2 月 14 日。
② 薛桂芳:《〈联合国海洋法公约〉与国家实践》,海洋出版社 2013 年版,第 277 页。
③ 金永明:《岛屿与岩礁的法律要件论析:以冲之鸟问题为研究视角》,《政治与法律》2010 年第 12 期,第 106 页。

下，岛礁建设的法律属性产生了显著的改变。

第一，现代国际法对沿海国岛礁建设权利的确认。《公约》是当今国际海洋法的重要基石，规定了国家进行岛礁建设活动中所享有的权利及应履行的义务，例如，《公约》第 2 条规定了领海及上空、海床和底土的法律地位，分别介绍了沿海国及群岛国主权范围，领海的主权行使受到公约和其他国际法规则的限制；第 11 条为划定领海的目的，将构成海港体系组成部分的最外部海港工程视为海岸的一部分，并明确排除了近岸工程和人工岛屿对海岸的影响。《公约》肯定了部分人工活动对海岸线产生影响的效力，即赋予了永久性海港工程在扩展领海范围作用的效力。对岛屿进行维护和修复的主体是国家，其目的在于维持岛礁在海洋中的合理地位，改良和利用本国固有领土，保持其岛屿的法律地位。[1] 岛礁建设包含沿海国在其固有岛礁上建设永久性海港工程。《公约》第 11 条排除了人工岛屿和近岸设施对划定领海范围的作用，这使得并非所有人工设施的建设都能构成对领海范围的影响。因为人工岛屿的建设可以突破陆地领土范围，在任意性质的海洋区域中进行建造，例如人工岛屿可以在领海、专属经济区、大陆架、公海等区域建造，一旦赋予其产生及扩展领海的能力，许多海洋法制度就会丧失其应有的价值及意义，冲击现有的海洋秩序。

第二，岛屿制度对岛礁建设的实施范围的固定。《公约》第 121 条对岛屿进行了定义，即岛屿、岩礁是岛礁建设的基础，不能脱离《公约》中岛屿制度的理论框架。《公约》在岛屿制度方面的规定凸显了科技进步所带来的影响。随着人类科技的发展，沿海国"造岛"的能力大大提升，从近岸发展到远洋、公海。如果赋予人工岛屿等同于天然岛屿同样的法律效力，则海洋秩序将遭受毁灭性打击。但现代岛礁建设实施的范围不能脱离《公约》制度的框架之下。而正是《公约》中岛屿制度的确立，使得岛礁建设与人工岛屿建设产生了清晰的界线。岛礁建设以岛屿制度为发展基础，对海洋法意义上的岛屿、岩礁进行维护、改良、利用等建设活动。

第三，产生了人工岛屿建设的国际海洋法规则。《公约》规定了国家在建设人工岛屿方面的权利义务。《公约》第 11 条排除了人工岛屿作为近岸

---

[1] 樊懿：《海洋法下的岛礁之辨》，武汉大学博士学位论文，2013 年，第 13 页。

设施和永久海港工程的地位,取消其作为基点划定基线影响海洋划界结果的能力;赋予沿海国在专属经济区范围内,拥有建造和管辖人工岛屿的权利,但管辖权并不是领土主权,国家在专属经济区的权利属于海洋权益,并非领土主权;第60条规定了沿海国对专属经济区内的人工岛屿管理,并对周边设置安全区域的规定;第87条赋予了沿海国对大陆架上建设人工岛屿的权利和管辖权,在公海上人工岛屿建设的权利属于全体缔约国。人工岛屿的建设范围从领海延伸到公海范围,且不具有岛屿的法律地位。《公约》凸显了科技进步对法律制度的推动作用,《公约》中岛屿制度中对人工岛屿的排除,以及为人工岛屿、设施和结构制定明确规则都明确体现了《公约》的这一时代性特点。如此规定旨在防止各国通过建造人工岛屿的方式无限制地扩张本国海洋领土,妨害公海自由。

纵观岛礁建设的国际法发展历程,其经历了不同的发展阶段。岛礁建设的权利基础是国家主权,作为产生海洋权利的基础,领土主权在针对添附岛礁取得新领土方面的规定,落后于国家实践,使得在国际法适用上存在不确定性。各国为了扩张或保持领土面积,对其本国的行为做出了符合其利益的解释,确保自身利益最大化。随着《公约》的生效,岛礁建设在权源、范围、效果方面都受到了限制。《公约》自身是一个矛盾集合体,充斥着妥协和退让。在确立新海洋秩序的同时也造就了新的矛盾,岛礁建设议题所表现的就是国家领土主权与海洋秩序碰撞所产生的问题。

二、确定岛礁建设的国际法属性的争鸣

目前关于岛礁建设尚无一个权威的定义,在英文语境中岛礁建设翻译为"Islands Construction"或"Islands and Reefs Construction"。现代国际法发展应与国家实践同步,致力于规范沿海国的岛礁建设活动,然而被称为"海洋宪章"的《公约》却未对岛礁建设提出建设性的规范,对此问题采取了回避的态度。学界对于岛礁建设的法律属性也存在不同的认知,主要从不同的法律制度、外在行为表现和最终结果表现进行阐释。

（一）将岛礁建设认定为人工岛屿建设

此类观点对人类改造岛礁地形地貌活动集中认定为人工岛屿建设行

为。通过此种定义，其希望通过运用《公约》对人工岛屿的明确规定，为主权国家的岛礁建设活动确立明确的权利基础和具体的行为准则。赵心对岛礁建设定义为：在岛屿和暗礁上的填海造地行为，并将岛礁建设活动按照《公约》规定的不同海域进行划分，分别为：领海毗邻区内的岛礁建设、专属经济区内的岛礁建设、大陆架岛礁建设。此种做法层次分明而且可将岛礁建设活动划归《公约》之下作为调整，充分援引了《公约》的规定，以调整一国岛礁建设活动。[①] 马博也将中国的岛礁建设理解为人工岛礁建设，即天然岛屿上建造的人工合成部分。一座岛屿既有天然的部分，也有人工合成部分，并且享有《公约》规定的责任和义务。[②] 这个定义揭示了人类活动与自然形成的岛屿制度的发展，人类改造自然的能力在悄然之中影响着岛屿的定义。国际法学家松斯则认为，人工岛屿是将天然物质例如碎石、砂砾或岩石堆积而成的结构。[③] 法学家菲茨帕特里克将人工岛屿定义为：由人工制造的四面环水，在高潮时露出水面并在一定时期内固定在海洋相同位置，具有固定操作模式的物体。[④]

人工岛屿流派对岛礁建设的认识与《公约》中有关人工岛屿的规定有关。《公约》对于人工岛屿的相关规定出现在领海、专属经济区、大陆架以及公海部分。根据人工岛屿流派观点，将岛礁建设认定为人工岛屿建设的依据在于外部形态和建造方式方面，两者具有一定程度的相似，因此，将岛礁建设定义为人工岛屿建设具有一定的合理性。

首先，利用人工岛屿作为岛礁建设的定义优势在于，可以直接援引《公约》有关人工岛屿的规定，并对岛礁建设问题进行规制，例如《公约》规定：沿岸国对其领海及管辖海域范围有权建造人工岛屿，即人工岛屿建造位置可能位于领海、毗连区、专属经济区、大陆架，[⑤]并且在公海上建造人工岛屿也是公海自由的重要内容。[⑥] 出于稳定海洋边界的目的考虑，《公约》排除

---

① 赵心：《从国际法角度解读中国南沙岛礁建设的法律性质问题》，《理论与改革》2015 年第 6 期，第 158 页。
② 马博：《岛礁建设的三个国际法维度》，《法学评论》2015 年第 6 期，第 154 页。
③ A. Soons A. H. Artificial Islands and Installations in International Law. *Law of the Sea Institute University of Rhode Island*, 1973, pp.1 - 23.
④ 罗国强：《中国在填海造地的合法性问题》，《南洋问题研究》2015 年第 3 期，第 12 页。
⑤ 《联合国海洋法公约》第 11、62、89、112 条。
⑥ 《联合国海洋法公约》第 87 条。

了人工岛屿和近岸设施对划定领海范围的作用。①

其次,将岛礁建设解释为人工岛屿有利于维护《公约》确立的海洋秩序。人工岛屿制度在不同海域的适用程度最广泛,能够进行建造的海上地物种类很多。② 从领海到公海都能够看到有关人工岛屿建造方面的国家实践。人工岛屿不产生领海,不影响海上边界的划定,且需要遵守保障航行安全的义务。这样的规定使得其容易为国际社会所接受,明显减少了由此引发海洋争端的可能。

最后,将岛礁建设定义为人工岛屿的建设,有利于减少在争议海域建设时的政治阻力。众所周知,当今世界上还有许多未确定的海上边界,在边界未确定之前,各方在此区域进行的岛礁建设活动可理解为人工岛屿建设,能够化解巨大的政治阻力。例如,韩国在与中国海洋划界未定的前提下,建造了"苏岩礁",引起了我国强烈的反应,此后韩国承认"离於岛"为人工岛屿,不影响两国海上边界的确定。③

尽管上述定义方法存在诸多方面的优越性,然而《公约》对人工岛屿获得海洋权利的限制,在一定程度上限制了岛礁建设的实际作用。

第一,关于人工岛屿的确切定义无法从《公约》得到明确的答案。《公约》为避免定义所增加的复杂性,对人工岛屿的概念采取了留白方式。④ 从《公约》第 121 条的规定能够明确推断,人工岛屿不适用岛屿制度的结论。但是,经过人工建设的岛屿、岩礁乃至低潮高地,如果在既有的岛屿和岩礁上加盖人工设施或引入人为因素,将使天然岛屿和岩礁沦为人工岛屿,此种定义不能为国际社会所接受。

第二,利用人工岛屿定义岛礁建设会导致海洋权益的全部丧失。虽然领土主权和海洋权利并不冲突,但是在权利确立方面存在逻辑顺序。领土主权是产生海洋权益的基础。《公约》规定人工岛屿没有自己的领海,没有划界效力,但是未对建设在自然形成的岛屿和岩礁上的人工岛屿、设施和结

---

① 《联合国海洋法公约》第 11 条。
② 赵心:《从国际法角度解读中国南沙岛礁建设的法律性质问题》,《理论与改革》2015 年第 6 期,第 158 页。
③ 吴蔚:《人工岛屿建造之国际法问题研究》,武汉大学博士学位论文,2014 年,第 157 页。
④ 吴蔚:《联合国海洋法公约中人工岛屿概念及其辨析》,《武汉理工大学学报(社会科学版)》2014 年第 3 期,第 452 页。

构的法律效力作出具体规定。

第三，采用人工岛屿定义缩小了岛礁建设的实际内涵。在岛礁建设的过程中不仅有填海造陆活动，而且包括后期对岛礁海岸工程的修建、岛礁生态环境的还原与改良等一系列活动。岛礁建设不仅局限于扩大岛礁面积的"陆域吹填"工程，而且包含满足相关功能的基础设施建设。[①]

（二）岛礁建设对国际法添附制度的承袭

添附指新土地通过新的形成而增加。[②] 在添附理论中将领土的取得分为自然添附和人工添附，前者主要有河口三角洲、河流改道、造山运动形成的新的高山、地质运动产生新的岛屿等；后者则运用得更为广泛，主要有围海造田、填海造陆等。[③] 当新土地形成过程开始于一国的边界或领海之时，新形成的土地就成为该国领土的一部分。尽管添附属于传统国际法中领土取得方式，但在现代领土取得方式中依然为有效权源。[④]

岛礁建设是领土取得中添附与海洋法中岛屿制度的结合。罗国强教授认为，在属于本国主权范围内的岛礁上填海造地，本质上属于人为添附，是国际法所允许的一种合法变更领土的方式，并认为其法律效果存在两个方面的问题：① 岛礁法律属性；② 能否享有更大的专属经济区和大陆架。针对上述问题，我国可依据"历史性权利"对岛礁行使主权权利，合理开发利用岛礁。[⑤]有国外学者称中国的岛礁建设为填海造陆（land reclamation），填海造陆也是人工添附的一种，并认为争端由来已久，其复杂程度并非可以通过《公约》能够迅速解决。[⑥] 将岛礁建设解释为领土添附活动的优势在于以下几点。

首先，岛礁建设涉及填海造陆方式的应用，填海造陆属于典型的领土添附活动。领土取得中的添附规则源于罗马法中的规定，罗马法要求原物与添附物形成附合，从而所有权人基于对原物的所有权而享有对新形成物的

---

① 刘艳峰、邢瑞利、郑先武：《中国岛礁建设与东南亚国家的反应》，《学刊》2016 年第 1 期，第 74 页。
② 程晓霞、余民才：《国际法》，中国人民大学出版社 2008 年版，第 96 页。
③ 贾兵兵：《国际公法：和平时期的解释与适用》，清华大学出版社 2015 年版，第 268 页。
④ ［美］汉斯·凯尔森：《国际法原理》，王铁崖译，华夏出版社 1989 年版，第 177 页。
⑤ 罗国强：《中国在南海填海造地的合法性问题》，《南洋问题研究》2015 年第 3 期，第 11—18 页。
⑥ S. Suzanne Kimble. Is China Making Waves in International Waters by Building Artificial Islands in the South China Sea. *Tulane International Comparative Law Journal*, Vol.24, 2015, p.263.

所有权。[①] 世界上通过添附扩展领土面积的国家很多,例如荷兰利用围海造地的方式扩展了 18% 的领土面积。由于岛屿和岩礁也属于国家领土的组成部分,故对本国领土进行添附并形成的新领土自然归该国所有。

其次,领土主权作为产生海洋权益的基础,主权活动能够有效排除外界干涉。添附的实施不能与领土主权相分离,其合法性需满足国内法的要求。同时,在国际法层面上,行使该权利时不构成对其他相邻国家领土主权行使的影响。2003 年,马来西亚就因新加坡在柔佛海峡地区的填海活动而引起了争端。新加坡认为其在柔佛海峡处的填海活动属于添附,而马来西亚认为新加坡的填海活动影响了本国领土的利用,遂向国际海洋法法庭请求采取临时保全措施。[②]

最后,岛礁建设通过添附理论,能够实现国家领土主权与海洋权益的优化配置。依据习惯法规则,由于添附而形成的领土增加,有关国家当然地取得该增加部分的主权,不需要任何特殊的主权要求。"以陆定海"作为《公约》中确定海洋权益的基本原则,新诞生的领土可能导致海岸线向海洋方向推进。

岛礁建设的添附法律属性解析体现出领土主权的扩张和展示作用。世界上不存在无领土的国家,国家领土本身就是国家行使其排他性权威的空间,即领土主权行使的空间。尽管添附为岛礁建设提供了重要的国际法依据,但是岛屿、岩礁在海洋法层面的法律地位相差悬殊,岛礁不同权的法律现实加剧了岛礁建设定义的复杂程度。目前主要存在以下困难。

第一,对添附而成的岛屿资格认定缺乏明确的国际法规定。《公约》关于岛屿制度的规定相对简单,岛屿之间、岛礁之间在产生管辖海域能力方面存在巨大差异。满足"维持人类生活"或"其本身经济生活"的解释和适用具有一定的任意性和模糊性,加之没有明确限制人工干预手段的介入,岛屿法律地位的认定取决于沿海国的国内法或政府声明。

第二,将岛礁建设认定为人为添附难以呈现其全部特征。添附的作用在于扩张领土主权,以此类推运用到对岛礁实施添附活动的问题上,显著的

---

① 周枏:《罗马法原论》,商务印书馆 1994 年版,第 887 页。
② 吴士存:《国际海洋法最新案例精选》,中国民主法制出版社 2016 年版,第 79 页。

表现就是岛礁陆域面积的扩大。然而岛礁建设并非单纯追求面积的增加，还体现了人与自然和谐相处的生态建设，以及对人类社会经济生活的完善。[①] 以上岛礁建设的从属性不能为添附的概念所吸收和融合，从而缩小了岛礁建设概念的外延。

（三）岛礁建设肩负着稳定海上边界的重要任务

在自然和人工的双重作用之下，世界陆地的版图发生着变化。在这一过程中，世界上既有新的岛屿诞生，也有岛屿在逐渐消失，而岛屿作为人类栖息的自然地理单元决定着人类的生存环境。在全球气候变化、海洋酸化、海平面上升的作用下，主权国家的海岛、陆地受到的侵蚀日益严重，越来越多的国家开始重视由此对领土的物理存在所带来的影响，通过实施岛礁建设予以应对。

岛礁建设是通过保护领海基点和特殊位置岛礁，保障国家的领土主权免受自然侵蚀和灭失的风险，进而维护国家的海洋权益。白续辉对主权国家加固岛礁保护基点的行为进行了分析，他认为岛礁法律权利的存在依赖岛礁物理状态的存在与维持。[②] 法律事实是引起法律关系变化的重要因素，作为主张权利的岛礁因自然或外力导致灭失，主权国家可出于防范自然与人为风险，对岛礁采取人为加固建设，以维持其法律地位不发生改变。此外，国际法应允许通过人工活动加强对基点基线岛屿的保全和保护，并主张通过"拟制岛礁"制度，补偿失去岛礁的国家在海洋权益方面的损失。[③] 有学者对人工加固岛屿的行为进行分析，认为《公约》中的岛屿制度在一定程度上反映了习惯国际法，对于该规定的不同理解本身就构成一种争端表现。在争夺解释权的过程当中，采用竞争性的解释有助于其澄清争端的本身。[④] 人工固岛的目的在于保障其取得的海洋权益，不因为岛礁资格的变化而缩小或消失，科技发展、气候变化为岛屿制度带来了危机，科学技术的运用载

---

① 邹立刚：《适用于南沙群岛的领海基线法律问题研究》，《河南财经政法大学学报》2013 年第 3 期，第 134—140 页。

② 白续辉：《领海基点保护视角下岛礁灭失国际法问题探析》，《社会科学辑刊》2017 年第 6 期，第 107 页。

③ 白续辉：《领海基点保护视角下岛礁灭失国际法问题探析》，《社会科学辑刊》2017 年第 6 期，第 107 页。

④ 谈中正：《科技发展与法律因应：人工固岛的国际法分析》，《武大国际法评论》2013 年第 2 期，第 71— 95 页。

需要秉承善意,才能造福人类。国外学者针对《公约》中人为创设的直线基线基点问题展开了深入研究,分析了人类活动对于确定港口、群岛、海湾领海基线基点的确定方式,认为基线制度为低地势的沿海国、群岛国作出了应对海水上升的相对宽松的具体规则。[①] 而以上设施能够包含在岛礁建设的结果中,岛礁建设的部分效力受《公约》的严格约束。

基点保护行为理论指出,主权国家进行岛礁建设的目的在于保护划定领海基线的特殊岛礁的物理存在免受灭失的风险。[②] 岛屿作为主权国家领土的重要组成部分,是创设一系列海洋权利的重要地理构造,但受到海平面上升、海水侵蚀、地质作用、人为破坏作用等的影响,岛屿、岩礁脆弱的地质构造容易发生物理性灭失。岛礁权利的存在理论上应当以岛礁的存在为基础,而岛礁在物理上灭失后将会对岛礁的权利产生重大影响。主权国家通过岛礁建设保护作为确定领海基点的岛礁,对于保障和维护本国海洋权益具有重大的意义。

首先,主权国家通过人工活动保护领海基点具有充分的正当性。主权国家因对建设的岛礁享有领土主权,主权权源派生相应的海洋权益,岛屿能够拥有领海、毗连区、专属经济区、大陆架。岛屿法律地位丧失将给主权国家的海洋权益带来巨大损失。从保护本国海洋权的角度出发,国家必须采取必要措施,保持岛屿、岩礁的物理存在形式。

其次,《公约》赋予了部分人造设施在海洋划界中作为基点的资格,其第11条规定:"为了划定领海的目的,构成海港体系组成部分的最外部永久海港工程视为海岸的一部分。近岸设施和人工岛屿不应视为永久海港工程";[③]直线基点规定:"除在低潮高地上筑有永久高于海平面的灯塔或类似设施,或以这种高地作为划定基线的起讫点已获得国际一般承认者外,直线基线的划定不应以低潮高地为起讫点。"[④]人工活动并非完全被《公约》排斥在外,而保护领海基点问题,更多关系到一国国内法的规定。针对基点的保

---

① Coatler G. Lathop. *"Base Lines"*: *The Oxford Handbook of the Law of the Sea*. Oxford University Press,2015,pp.228 - 229.

② 白续辉:《领海基点保护视角下岛礁灭失国际法问题探析》,《社会科学辑刊》2017 年第 6 期,第 107 页。

③《联合国海洋法公约》第 11 条。

④《联合国海洋法公约》第 7 条。

护建设,主权国家可以在不影响其他国家权利的情况下,充分进行建设活动。作为划定基线的岛屿和岩礁属于国家领土的组成部分,基点保护建设依据本国国内法调整。

利用基点保护理论解析岛礁建设主要是出于稳定海洋边界的目的。尽管岛礁建设与人工方式加固岛礁的基点保护活动存在一定的联系,但将岛礁建设直接解释为基点保护行为还有待商榷。两者的联系除以上观点外,还存在本质区别。首先,两者的目的不同,岛礁建设的目的是为主权国家利用本国领土提供便利,不只局限于保护特殊用途岛礁的物理存在,其目的在于最大限度地发挥陆地的权利优势。基点保护目的是保护作为领海基点的岛屿及附近岩礁,防止其物理灭失,着重保护的是海洋权益。其次,两者的权利维度不同,以陆定海是《公约》中的一项基本原则,主权国家利用岛礁建设扩展岛礁陆域面积、丰富岛礁经济生活是保护和扩展领土主权的体现,岛礁建设偏重于领土主权利用的主权权利。而基点保护行为的定性,以保护海洋权益为主要目的,将目光局限于海洋法领域是对以《公约》为首的海洋法确立的海洋秩序的维护。最后,两种不同的定性方式所导致的法律后果不同,基点保护行为的立意否定了主权国家通过岛礁建设在产生新的领土主权方面的现实作用。基点保护行为的根本意义在于维持其本身作为划界岛礁的资格,不能形成新的领土主权,但就国家实践而言,岛礁建设会带来领土面积的增长。因此,岛礁建设与基点保全行为之间存在部分重叠,不能以局部的性质替代整体的概念。

（四）岛礁建设是新型"造岛"行为

实施岛礁建设的主要目的是改善岛礁的空间条件,利用人类活动将面积较小的岛屿、岩礁及低潮高地,建设为面积广阔的陆地区域。最终形成的岛状地形既有自然部分,又有人工建造部分形成附合,成为一个全新的岛屿,对半天然半人工的岛礁,则称之为"混合岛礁"。[1] 邹克渊教授将中国岛礁建设理解为混合岛礁,或混合海上地物,是指无论是高潮还是低潮时,高

---

① 邹克渊：《岛礁建设对我国领土争端的影响：国际法上的挑战》,《亚太安全与海洋研究》2015 年第 3 期,第 8 页。

于水面的具有人工结构和设施的海上地物。[①] 傅崐成认为我国采用"吹沙填海"技术所实施的岛礁建设活动,从本质上讲属于不改变岛礁法律地位的领土改良活动,对所建设岛礁的基点确定、基线起算点有着重大意义。[②] 此定义建立在将岛礁建设的内容与地理位置进行充分结合,并做出区别于人工岛屿的论断而得出的结论。俞世峰认为,"造岛"是国家行使主权的一种行为,属于传统国际法中的领土添附,《公约》的签署使现代海洋法对造岛行为模式和法律后果进行了割裂的适用,"造岛"不再是国家单方面的行为,还涉及全球海洋秩序的维护。[③]

中国的造岛活动是建立在充分尊重国际法基础上实施的,具有充分的合法性。岛礁建设与"造岛"在行为模式层面具有高度的相似性,是否能够借用"造岛"概念为岛礁建设概念的确定指引方向,还需要进一步考察其他相关理论和概念。

综上所述,关于岛礁建设的解释依据不同的事实分析以及法律体系解释呈现出不同流派,国外学者以人工岛屿的研究为主要方向,添附作为传统国际法确立的领土取得方式能够为岛礁建设提供理论支持。受到不同流派的影响,定义岛礁建设还需要对比不同流派的优势与缺点才能形成可靠的结论。

综观学者对岛礁建设权利来源的相关研究,对于岛礁建设的权源判定主要源于三个层面:领土法层面的主权理论与添附制度;以《公约》为代表海洋法确立的人工岛屿制度;领海基线制度。任何一种概念的确立都不是一劳永逸的,概念会随着时间的推移和实践的丰富产生新的内涵,角度不同、立场不同所得出的结论也会产生巨大的差异。岛礁建设概念的确定需要了解各种定义方式的优势与劣势,将岛礁建设的概念确立在充分的权衡分析的层面之上,以确保定义的科学性和稳定性。

三、岛礁建设国际法概念的厘定

海平面上升是由全球气候变暖、极地冰川融化、上层海水变热膨胀等原

---

① 邹克渊:《岛礁建设对我国领土争端的影响:国际法上的挑战》,《亚太安全与海洋研究》2015 年第 3 期,第 8 页。

② 傅崐成、李敬昌:《若干国际法律问题》,《太平洋学报》2016 年第 7 期,第 8 页。

③ 俞世峰:《造岛行为的主权合法性判别》,《法学》2015 年第 7 期,第 126 页。

因引起的全球性海平面上升现象。研究表明，近百年来全球海平面已上升了10—20厘米。[①] 海平面上升导致沿海低地被淹、岛屿面积萎缩、礁石海水侵蚀加剧，故世界许多国家都在积极地对本国岛礁进行改良建设。国际法对大陆和近岸岛屿的填海造陆问题的争议较少，主要矛盾集中在对远洋岛礁的建设问题上。尽管添附在海洋法领域的应用方面受到了一定程度的限制，但是岛礁建设的概念仍然没有得到明确。

（一）"岛礁"的整体性释义

岛礁建设的客体为岛屿和岩礁（礁石）。汉语独特的表达方式和构词法则，可能导致某些词语的字面含义与实际内容存在一定的出入。现代汉语词典对岛礁的定义是分开的，即将"岛"与"礁"予以分别解释，岛是指海洋里被海水所环绕、面积比陆地小的陆地，也指湖里、江河里被水所环绕的陆地；礁是指礁石或海洋中由珊瑚虫遗体堆积成的岩石状物。[②] 岛礁建设的对象包含以下几类海上地物。

1. 岛屿

主权国家的岛屿是实施岛礁建设的主要客体。岛礁建设目的在于充分合理利用本国领土，通过人工添附与建设，岛礁的面积、海拔、海岸构造得到改良，从而更适合人类的居住或进一步丰富自身的经济生活。添附形成新领土的过程是一种国家行为，而此行为的空间范围需要限制在一国领土范围内。[③] 因此，岛礁建设引起的问题属于主权问题。

岛礁建设在不影响其他国家权利的情形下，不受其他国家的干涉。传统国际法理论认为，主权国家可以通过人工添附有效地增加领土面积，当此行为应用在岛屿时，通过人工添附所获得的新领土与原领土形成附合，从而扩展了国家主权的管辖范围。因此，岛礁建设无法脱离主权国家领土范围，并且主权需要保持完整，不能存在权利上的瑕疵。对于此问题，日本对"冲之鸟"的建设显得尤为突出。日本称《凡尔赛和约》中将德国所有的"冲之

---

① Cummings et al. Refugees of the 21st Century: Climate Change and an Uninhabitable Middle East/North Africa. *University Denver Water Law Review*，Vol.22，2018-2019，p.745.

② 《现代汉语词典》（第七版），商务印书馆2013年版，第339页。

③ 俞世峰：《造岛行为的主权合法性判别》，《法学》2015年第7期，第133页。

鸟"委任日本统治,然而委任统治权与主权存在不同。委任统治权的内容依据托管制度取得的权利而言主要包括管辖权、监督权或行政权。① 此外,对存在主权争端的岛礁的建设,主权合法性判定影响岛礁建设的合法性。对岛礁享有合法主权的国家只有一个,在主权不明的情况下,实施岛礁建设可能引发国际冲突或加剧争端。因此,要求实施岛礁建设的国家对所建岛礁拥有无可争辩的主权,这是由岛礁建设的性质所决定的。

　　2. 岩礁

　　岩礁是主权国家实施岛礁建设活动的重要地理单元。然而,《公约》并未对岩礁的定义予以进一步明确。《韦氏国际词典》对"Rock"或"Rocks"的解释为:"荒芜的小屿"或"接近或坐落在水面上的石块"。对于"小屿"的解释参见美国官方的《航海词典》,"小屿"即"面积非常小或者很小的岛屿"。② 以上概念出于地理学与文学角度对岩礁的概念进行释义。岛屿和岩礁的认定没有明确的构成要素要求,而对其做出区分则是在《公约》谈判过程中提及。1974 年的加拉加斯会议,14 个非洲国家提出了对岩礁定义的提案:"岩礁是一个为海水所环绕、高潮时高于水面、自然形成的海底岩质高地",③这是首次在《公约》谈判过程中提出"岩礁"一词的解释。考察上述定义,其本质与岛屿并无显著差异。罗马尼亚认为,"这些面积较小、无人居住也无社会经济生活的岩礁,不应具有大陆架"。无论是岛屿还是岩礁都关系能否产生专属经济区和大陆架,影响缔约国的海洋权利。对此,《公约》进行了模糊化的处理,即岩礁作为一种特殊类型的岛屿,即一个岛屿不能满足"维持人类居住"或"自身的经济生活"的情况时,该种类型的岛屿就属于岩礁,它没有专属经济区或大陆架。

　　由于《公约》规定岛屿、岩礁不同权,引发主权国家对偏远岛屿的积极开发,企图利用对岛屿、岩礁引入更为丰富的社会经济活动,达到一种强化岛屿资格或改变岩礁的法律地位的法律效果。《公约》第 121 条最初的目的在于限制岛屿的不断扩张,避免国际公共水域面积的减少,其在肯定支持人类

---

① 俞世峰:《造岛行为的主权合法性判别》,《法学》2015 年第 7 期,第 133 页。

② C. R. Symmons. *Historic Waters in the Law of the sea: A Modern Reappraisal*. Marinus Nijhoff Publishers,2008,p.33.

③ P. Victor et al. *The Maritime Political Boundaries of the World*. Brill Academic Publishers,2004,p.63.

居住或存在社会经济生活的岛屿权利的基础上，意图防止主权国家利用岩礁过分地主张其海洋权利。

3. 低潮高地

低潮高地有关国家在领海范围内的岛礁建设问题，重点体现在对领海内低潮高地的建设方面。低潮高地是指在低潮时四面环水并高于水面，但在高潮时没入水面的自然形成的陆地。[①] 关于低潮高地是否构成一国领土，国际法没有明确的规定。关于低潮高地是否能够被一国所占有的问题，在国家司法实践中持一种回避的态度。在"卡塔尔诉巴林案"中，关于低潮高地是否能够被占有，国际法院认为，低潮高地的性质需要结合领海范围以及低潮高地上是否建有灯塔等设施，予以进一步确定。[②] 领海完全处于一国主权管辖的范围之内，沿海国在其领海内实施的活动都属于国家主权行为，在不影响其他国家领土利益的情况下，不受到外来的干涉，因此领海是沿海国实施岛礁建设活动的理想范围。而领海内的低潮高地与岛屿享有的海洋权益不同，低潮高地能够作为测算领海基线基点的能力受到《公约》的严格限制。但是，主权国家利用岛礁建设的方式，在低潮高地上建造灯塔或将低潮高地通过建设使其永久高于水面，其本质依旧属于领土利用范畴。将领海内的部分水域转变成为陆地，且在不影响海洋划界和其他国家权利的前提下，是符合国际法规定的。

（二）"建设"所包含的实际内容

关于"建设"的中文解释为：创立新事业、增加新设施。[③] 岛礁与建设连用构成一个主谓短语，岛礁是主语，建设是谓语。明确"建设"的法律内容需要明确"建设"一词所包含的实际活动。通过考察相关国际实践，可以归纳出在岛礁建设中所实施的人类工程活动，并依据目的分为以下三种类型。

1. 保护利用岛礁空间资源工程建设

第一，改良陆域空间的"陆域吹填"工程建设。由于人口增长和生产生活的需要，岛礁的环境承载力受到挑战，为了进一步发展，需要向海洋索取

---

① 《联合国海洋法公约》第 13 条。
② 吴士存：《国际海洋法最新案例精选》，中国民主法制出版社 2016 年版，第 76 页。
③ 《现代汉语词典》（第七版），商务印书馆 2013 年版，第 998 页。

更多的空间来维持岛礁的发展。在此情形下,对岛礁进行空间扩展建设成为当务之急,这种活动依托原有岛礁环境,通过填海造地或是"吹沙填海"活动来增加岛礁面积。通过以上两种行为,国家自然取得了新添附领土的主权,国家领土主权范围自然增加。在国家实践中人类已经有能力完成这一工程。以我国对南沙群岛中的诸碧礁、赤瓜礁等岛礁建设活动为例,我们完全有能力将岛礁的面积扩建得更大,但出于对海洋环境保护的要求以及周边国家的态度,我国在岛礁建设上还是采取尽量克制的态度,以能够满足现有社会经济生活为限。

第二,维护海洋权益,稳定海洋边界的基点保护建设。岛屿在风力和海浪的侵蚀作用下会出现岛屿岸线后退、岛屿面积缩小的现象,许多国家为了保持岛礁水土都对岛屿进行加固,在岛屿岸线上修筑堤坝以防止海浪的进一步侵蚀,这种行为在世界范围内被广泛认可。为防止海岸线侵蚀修建的防波堤坝,一些国家通常会将其与港口工程相连,共同构成港口工程的体系。通过前文对岛礁建设的定义分析,修筑防波堤坝的行为可以归为岛礁建设活动中。另外,测算领海宽度的正常基线是沿岸国官方承认的大比例尺海图上所标明的沿岸低潮线,而岛礁建设中修建的堤坝都位于低潮线向陆地一侧,因此不会对领海基线方向造成过多影响。[①]

2. 丰富岛礁社会经济属性的功能建设

第一,改善岛礁居住环境,丰富社会经济生活的基础设施建设。岛礁建设的目的是进一步发展岛礁经济,将岛礁建设成为人类美好的家园。岛礁建设坚持以人为本的理念,在改善驻岛军民生存条件的同时需注重提高他们的生活质量。岛礁上的居民生活艰苦、物资匮乏,几乎所有的补给品都需要外来输送。提高岛礁自给能力、增强外界输送能力是改善岛礁居民生活的关键。

第二,完善岛礁与外界经济交往的交通设施建设。加强岛礁上的交通运输是改善岛礁生存条件的重要方面。和平与发展是当今世界的主题,岛礁发展除了自身条件外更需要外在的支持。岛礁经济想要得到长久的发展必须与外界交流,互通有无。交通运输条件是制约岛礁经济发展的重要因

---

① 《联合国海洋法公约》第 6 条。

素。岛礁距离大陆较远，长距离的水上交通将严重制约岛礁经济发展。在岛礁上兴建机场和码头、完善岛礁交通设施是解决问题的重要方式。通过岛礁建设改善交通环境，密切了岛礁与陆地的联系，有助于岛上社会经济的发展，促成远洋岛礁向海上城市的方向发展。

第三，提升岛礁公共服务设施建设。岛礁的建设主要体现在对岛礁公共服务设施的建设和完善。岛礁生活面临用水困难、缺医少药、台风频发、通信不便等诸多问题。例如，通过在岛上兴建雨水收集系统和蓄水池，可以解决岛礁用水问题；建设岛上医院，可以解决驻岛军民看病就医问题；建设气象站对过境台风进行预报，可以及时防范极端天气对军民生命财产安全的影响；建立电信基站、完善岛礁通信设施可以解决信息沟通问题；等等。岛礁建设的目的不是对海洋资源的争夺，而是造福人类福祉。

第四，满足基本防卫需要的国防设施建设。岛礁在国家安全防卫中有着举足轻重的作用。海岛多为国家防卫前沿阵地，具有预警和防卫的双重作用。周边国家对我国南沙群岛虎视眈眈，昨日伤痛使我们不敢轻视岛礁的国防作用，同时当前的政治、军事形势使我们更应时刻保持警惕，因此，岛礁建设在一定程度上需要具备以军事防御功能为内容的建设活动。2017年3月28日，时任外交部发言人的华春莹主持例行记者会，对外界对我国岛礁建设的情况进行了明确回应：南沙群岛作为中国固有的领土，实施岛礁建设是为了满足驻岛军民的实际需要，并更好地让中国承担对南沙群岛周边水域的义务履行，自卫权是国际法赋予每个主权国家的基本权利，中国部署必要的防卫设施，其他国家无需过度紧张。①

3. 保护改善岛礁自然环境的生态建设

首先，是以改善自然环境为核心的生态建设。岛屿上良好的生态环境是人类发展的基础，随着人类对自然资源消耗的不断增加，对岛屿生态环境的建设也是一个极大的考验。为了改善居住条件，需要保持水土，进行森林绿化。对岛礁进行绿化建设，需要增加环境卫生处理设施。岛礁建设不只是简单意义上的工程建设或者功能建设，其包括以保护、开发、恢复、改善为核心的生态建设，在建设过程中要考虑环境承载力和工程对周边海洋环境

---

① 《2017年3月28日外交部发言人华春莹主持例行记者会》，https://www.fmprc.gov.cn/web/wjdt_674879/fyrbt_674889/t1449431.shtml，最后访问日期：2020年2月20日。

造成的影响,在大胆假设、小心论证、谨慎施工的基础上做到生态效益、社会效益、经济效益的统一。

其次,是以修复自然景观为内容的生态建设。对于岛礁及其周边海域具有海洋自然遗迹与海洋文化遗存的,应实施生态景观类生态岛礁建设。进行海岛植被、沙滩修复,以及海岛人文历史保护与文化产业开发,需要保护和修复海岛自然与人文历史景观遗迹,提升海岛景观效果和生态服务价值;应采取较严格的环境准入措施,对海岛及其周边海域内的生物资源、生态系统、历史遗存、生态遗迹、重要标志物等实行长期、全面、系统性的保护,不宜开展防波堤、防潮堤、硬质道路等非生态化项目建设。

岛礁建设是以统筹岛礁自然环境和社会经济环境为内容的领土利用和改良行为,其根本目的在于改善驻岛军民生活条件,增强岛礁本身维持正常社会经济生活的能力,弥补岛礁自然资源先天不足的缺陷,充分运用科学技术手段实现岛礁社会经济的可持续发展。部署相应的军事设施只是其中的一种手段,并非最终目的。以上的建设活动都需要依靠国家的力量来实现,国家主权是实现岛礁建设根本保障,任何个人都无法进行工程量如此巨大的活动,也没有权利改变国家版图,究其原因源于岛礁建设本身独特的性质。

(三)岛礁建设法律概念的确定

在世界范围内,国家利用人工方式改造建设本国岛屿岩礁、领海内低潮高地,是很平常的事情,例如新加坡为通过填海获得 20％领土面积,荷兰20％的国土面积由围海造地所得,中国 2013 年利用"吹沙填海"方式建设南沙群岛部分岛礁以增加陆域面积。填海造陆的技术手段虽然在外观上发生了变化,但其领土添附的法律性质没有改变。

对于领土添附的法律效力判定最早出现在"安娜号"案中。英国私掠船在美国密西西比河河口 3 海里外捕获了西班牙的一艘"安娜号"船只,在英国法院审理该案的过程中,美国提出当时的捕获地处于由河流冲击作用所形成的一座小泥岛附近,且处于 3 海里范围内。法院采纳了该意见,并将案件移交美国审理。[①] 从该案中可以看出,领土添附扩张了一个国家的属地

---

① 俞世峰:《造岛行为的主权合法性判别》,《法学》2015 年第 7 期,第 130 页。

管辖范围，同时也扩张了国家的领土主权。虽然案件未直接表明河口处的冲积小岛符合实际意义上领土的构成，但是本案法官司透韦耳勋爵认为，"小泥岛既是邻接海岸的自然附属物，也是产自该海岸"。本案确认了沿海国对自然添附形成于其领海内的岛屿享有主权，自然添附与人工添附同属添附制度，应当具有同等的法律效力。所以，在岛礁建设的问题上，我国对南沙群岛享有无可争辩的领土主权，并对其作为一个整体不间断地实施管理。对比岛礁建设的成果与"安娜号案"中的小泥岛并无本质上的差别，都体现了领土取得中添附的国际法效力。

《奥本海国际法》进一步指出每一个国家如果愿意的话，可以建筑越过最低落潮线而深入海洋的人为土地，从而使其土地和领土都有增加，因为这时领海就要从扩展了的海岸起算。[①] 汤加王国在 19 世纪 70 年代初期，采用人工浇筑水泥、倾倒沙石的方法，使得密涅瓦礁（The Minerva Reef）的两块低潮高地永久高于水面，并称其为岛屿，进而使汤加王国的海洋区域延伸了 100 英里。[②] 由此可见，传统国际法理论对以人为添附的方式增加领土及海域面积的行为持支持态度，同时也存在着广泛的国家实践。尽管如此，出于当时的技术条件的考虑，各国进行岛礁建设的能力和动力严重不足，故岛礁建设活动的国家实践较少。相反在现代社会，岛礁建设活动在国家实践方面却显得异常活跃。

现代国际法对岛礁建设活动的规则进行了丰富和发展。传统国际法对岛礁建设的鼓励导致岛礁建设活动不受任何制约的假象。随着岛礁建设技术手段的不断提升，岛礁建设的范围也从传统的近岸领海范围内的岛礁拓展到远洋岛屿、岩礁及其周边领海内的低潮高地。直至《公约》生效，规定了沿海国在其管辖的大陆架上、专属经济区内与公海上的人为建设行为，《公约》对此活动称为"人工岛屿"，并为此制定了相关规则，从此国家在其领海以外的人为建设行为产生了具体的规则约束。

国家对离岸岛礁进行建设可能会影响岛屿资格的认定岛屿主权归属、

---

① ［美］劳特派特修订：《奥本海国际法》（上卷第二分册），王铁崖、陈体强译，商务印书馆 1989 年版，第 82 页。

② Nikos, Papadakis. The International Legal Regime of Artificial Islands. *Sijthoff Publications on Ocean Development*, 1977, p.93.

海域划界等问题,而这些问题产生的根源是海洋法确立的海洋秩序与传统国际法中领土主权的矛盾。但是,领土主权的行使有其疆界,《公约》中"人工岛屿制度"为主权行使预置了屏障,《公约》规定人工岛屿制度的目的是防止领土主权的急剧扩张,损害公海自由,蚕食人类的共同财产。综上可知,"岛礁"的解释并非海洋法层面的岛屿和岩礁,而是领土的指代,包含领土和领水的双重概念,也可指主权范围内的海上地物;而"建设"的内容表现的形式较为丰富,包括填海造陆、海岸工程、基点保护等一系列人类工程活动。然而,岛礁建设不能与人工岛同日而语。

　　综合以上对国际法理论与国家实践的分析,笔者认为广义的岛礁建设是指国家对其主权控制下的岛屿、岩礁及低潮高地实施的主权活动;狭义的岛礁建设是指对岛屿、岩礁和低潮高地实施的人工添附建设。该定义一方面对岛礁建设的前提予以明确,进行岛礁建设的空间位置必须在一国领土主权范围内,例如领海内的岛屿、岩礁、低潮高地;主权范围内的水域还包括内水、历史海湾、历史性水域等具有领土主权性质的海洋区域。另一方面,岛礁建设的目的是改良和利用本国领土,与此相反的是目的在于侵占岛礁和"变礁为岛"的岩礁升级活动,例如日本的"冲之鸟"问题。通过定义我们了解了岛礁建设活动对建造的方式、目的、对象、地理位置都有严格的限制,这些要素缺一不可并共同构成了岛礁建设的实质内涵。时至今日,岛礁建设呈现出的国际法问题反映了领土理论的不断发展,以及不同时期领土主权所体现的不同意涵,岛礁建设与国家、领土等概念一样表现出一种共同发展、共同成长的历史发展轨迹。

第二节　岛礁建设的基本特征

　　南海诸岛自古以来就是中国领土不可分割的一部分,中国对南沙群岛、西沙群岛享有无可争辩的主权。中国利用现代科技手段对我国群岛中的部分岛礁进行建设,目的在于改善岛礁的生态环境、优化基础设施。在法律属性方面,充分体现了主权活动的特征。

一、行为主体的国家性

岛礁建设活动具有国家性特征。岛礁建设高度依赖物质条件和科学技术。从岛礁建设活动的内容来看，既有对岛礁面积的添附扩张，也有对岛上设施的完善，因此岛礁建设活动既有添附所增加的土地所有权，也有因基础设施建设而产生的建筑物权。根据 1933 年《蒙得维的亚国家权力及义务公约》第 1 条的规定，国家作为国际法人格应当具备以下条件：① 常住人口；② 确定领土；③ 政府；④ 具备与其他国家交往的能力。[①] 领土作为一个国家成为国际法主体的重要条件，与国家紧密联系在一起。周鲠生先生指出："国家之存在，必有人民所依以聚居之一定的区域。迁徙无常的游牧种人，不能构成国家"。[②] 国家在为满足其自身存续的必要条件时，应当不遗余力地对其充分保持和合理利用。与此同时，国家可以通过添附等合法方式扩张自己的领土，以保障人民在其领土内的聚居生活。这种领土扩张的权力是国家主权的内在权力，在领土取得的方式中，无论是采取传统方式还是现代方式，添附都是合法的领土取得方式。通过添附的方式取得新的领土一方面体现了国际法渊源的特点；另一方面，在一国进行添附活动的过程中也需要通过国内法进行规制。通过分析岛礁建设活动的行为模式、法律后果、法律适用等三个方面，我们可以对其国家性作出进一步判断。

岛礁建设属于国家行为必然体现国家性的特征。国家行为表现为一国政府的行为或为一国政府所控制下的行为以及结果归因于一国政府的行为。岛礁建设是在国家主持下进行的领土添附活动，形成的新领土自然归国家所承受。世界上的许多国家都是通过添附以扩展其领土范围，例如新加坡领土的 1/6 就来自其领土的添附，荷兰 20% 的领土也来自人工填海。传统的添附应用于岛礁领土就形成了岛礁建设。一国对其享有领土主权的岛屿及岩礁上进行添附活动来扩展岛屿面积，产生了扩张领土的客观效果。这种领土扩展权利在国际法与国内法上都有体现，例如《公约》，美国的《海岸带管理法》《海洋资源和工程发展法》，我国的《领海毗连区法》《海域使用管理法》。尽管存在着岛礁建设部分工程由国家委托给个人甚至其他国家

---

① 贾兵兵：《国际公法：和平时期的解释与适用》，清华大学出版社 2015 年版，第 99 页。
② 周鲠生：《国际法》，武汉大学出版社 2009 年版，第 37 页。

实施的情况,但是其本质仍然是国家意志的体现,属于一国支配的行为。①

　　岛礁建设法律后果是扩展了一国的主权范围,而这种后果为国家所承受。岛礁建设活动在其领海范围内实施当然扩展了其领土主权,正如前文所说的领海、内水的岛礁是进行岛礁建设活动的最佳选址,主要是这些地方的主权争端较少,对其他国家的影响也较小。领土既是主权范围的重要因素,也是属地管辖权确立的重要依据,并能衍生出领海主权。另外,国家对新建的岛礁行使属地管辖权也没有任何障碍,因为其本身就位于一国领海之内,这点在国家实践中早已得到证实。

　　前者所说的后果都是积极方面的,岛礁建设如果利用不当也可能构成国际不法行为,而这种结果也须由国家承担。从消极结果来看,假如一国的岛礁建设活动对周边国家的领土利用产生不利影响,则国家在此情形下可能会引发国际法上的国家责任。改变国家领土需要与其他存在利害关系的国家进行协商,并在达成合意的基础上进行,任何国家单方面的行动都是违反国际法的。例如 2002 年新加坡开始在柔佛海峡附近填海,造成邻国马来西亚的不满,引发了著名的"新马填海案"。国际海洋法法庭就强调了国际合作的重要性,要求双方秉承合作的精神展开磋商,最后双方签署了一项关于填海的双边协议,新加坡通过赔偿的方式给予马来西亚渔民一定资金,马方从国际海洋法法庭撤回案件,新加坡对填海方案进行调整。② 岛礁建设过程也包含了填海活动,所以"新马填海案"对我们有一定的借鉴意义。岛礁建设行为如果涉及利害关系的国家并造成该国家利益受损,则由此引发的后果需要由国家承担。

　　岛礁建设活动法律适用上具有"分割主义"的特征,也是源于国家性的特征。具体而言,岛礁建设在其应用范围上受国际法调整,而在具体建设活动中又受国内法调整。奥本海说过:"一个国家在未与邻国事先达成协议前不得建筑堤堰。"③岛礁建设属于对领土的利用行为,需要考虑是否会对邻国的领土利用造成影响。沿海国虽然对其领海及其岛屿享有完全的主权,

---

① 《菲驻华大使:杜特尔特与习近平通电话不同寻常》,http://news.qq.com/a/20170505/047113.htm,最后访问日期:2020 年 3 月 6 日。
② 吴士存:《国际海洋法最新案例精选》,中国民主法制出版社 2016 年版,第 258 页。
③ [美]劳特派特修订:《奥本海国际法》(上卷第二分册),王铁崖、陈体强译,商务印书馆 1989 年版,第82 页。

但是岛礁建设会导致洋流海浪方向的改变，使他国海岸受到强烈的侵蚀，这就会影响他国的领土利用。而在专属经济区、大陆架上的岛礁建设已经有《公约》的相关规定，故应当适用其中的规定(《公约》对此活动的认定结果为人工岛屿及设施、结构的建设)。由于《公约》的相关规定，在专属经济区、大陆架、公海的造岛活动被分离，形成了单独的体系。

岛礁建设需要以一国的国内法对其进行规范。岛礁建设的主要功能是岛礁民事功能的改善，对岛上建筑的交通设施、基础设施、公共服务设施都需要依据国内法的规定实施。在岛礁建设过程关于海洋环境保护、社会公共服务、建设用地规划都属于国内法调整的范围。我国在岛礁建设过程中须遵守《海域使用管理法》《海洋环境保护法》《渔业法》《海岛保护法》等规定，并采用严格的海洋生态环境标准加以约束，以控制对无人居住海岛的开发活动。

综上所述，岛礁建设在行为方式、法律后果、法律适用三个方面体现着国家性的特征，而这种国家性特征源于其第二个性质，即主权性。正是由于主权性的存在，才确保一国岛礁建设活动是符合国际法的。

二、权利内容的主权性

"陆地统治海洋"是国际海洋法的一项基本原则，对确定一国管辖海域有着重要的意义。对海洋的管辖权源于陆地主权，陆地主权是海洋权益的基础。在岛礁建设活动中，正是因为一国对岛礁拥有的领土主权才拥有对周边海域的权力，利用周边海域的方式也是一国主权范围内的问题。岛礁建设的主权性就体现在岛礁建设的范围从未超出一国主权领土范围。

首先，进行岛礁建设的权利基础是主权。与主权概念一起经常使用的名词包括管辖权、所有权，甚至行政管辖权，但是岛礁建设活动只能建立在主权的基础上。从岛礁的权利性质上看，作为建设对象的岛礁处于一国领土主权的范围内。如果进入他国领海并对领海中的岛礁进行建设活动，这是一种挑战一国主权的行为，可以被认定为侵略活动。我国的岛礁建设正是源于我国对诸岛享有的领土主权。管辖权则是在特定领域中的表现形式，例如《公约》中对专属经济区和大陆架上人工岛屿的规定就用了"管辖权"的表述，而不是主权。对于日本对"冲之鸟"的建设，我们认为其不属于岛礁建设的一个重要方面,就是日本对"冲之鸟"行使的权力基础不是领土主权,而是委任统治权。[①]

其次,岛礁建设的对象为一国享有领土主权的岛礁。《公约》第 2 条规定:"沿海国的主权及于其陆地领土及其内水以外邻接的一带海域,在群岛国的情形下则及于群岛水域以外邻接的一带海域,称为领海。此项主权及于领海的上空及其海床和底土。对于领海的主权的行使受本公约和其他国际法规则的限制。"[②]岛礁建设以一国享有领土主权的岛礁为依托,利用人工添附的手段扩展岛礁陆地面积,以岛礁为中心向外围领海扩展,在此过程中既包含对领陆的利用,也包含对领海的利用,是人类向海洋发展寻求更广阔生存空间的行为。《公约》赋予了沿海国对其领海范围内的岛礁进行开发建设、部署设施的权利,但也需要遵守国际法义务,例如不得妨碍他国对领土的利用、不得妨碍过往船只的无害通过、不得损害海洋环境等。

最后,岛礁建设所得岛屿构成一国领土的组成部分。岛礁建设扩展利用的空间位于一国领海范围之内。领陆是指国家疆界内所有的陆地,包括岛屿。添附得到的新领土,无须由有关国家采取任何特别的法律步骤,其当然成为一国的领土。[③] 岛礁是领土的组成部分,通过人工添附增加了主权国家的领土面积。岛礁建设的结果只是改变了领海内的海陆面积比例,不会对原有的领海面积造成严重的影响。国家主权及于新形成岛屿及周边的领海,国家对此范围内的人和物行使最高和排他的权力,岛礁建设后的土地所有权亦属于国家所有,其他国家不得对该领土进行侵略活动。

三、行为表示的排他性

岛礁建设作为一国添附方式对其享有领土主权的岛礁进行的领土利用和改良行为,本身就是一国领土的构成范围。岛礁建设是国际法领土主权与《公约》岛屿制度结合的产物。所以,岛礁建设体现对外、排除他国干涉的特点,具有排他性。该性质源于国际法关于领土主权和《公约》关于岛屿的规定。

---

① 俞世峰:《造岛行为的主权合法性判别》,《法学》2015 年第 7 期,第 133 页。
② 《联合国海洋法公约》第 2 条。
③ 杨泽伟:《国际法》,高等教育出版社 2012 年版,第 155 页。

一方面,沿海国岛礁建设活动不受他国的非法干涉。这是岛礁建设国家性和主权性的延伸。岛礁建设作为国家主权项下对领土的利用行为,国家享有领土主权,国家对其固有领土与添附产生的领土应受到充分尊重。国家有权采取措施以捍卫其领土主权的完整。[①] 岛礁建设属于一种国家行为,并且其活动范围寓于领土范围之内。无论从主观还是客观方面分析,都是国家行使其主权的正当行为,不应受到他国的非法干涉。结合我国岛礁建设活动,南沙群岛自古以来就是中国的固有领土,中国对南沙岛礁进行陆域吹填扩建活动是对本国领土的添附,其他国家无权干涉。菲律宾声称我国进行岛礁建设的部分岛礁位于菲律宾的大陆架上或专属经济区范围内,但是根据《公约》的规定,菲律宾对其在大陆架和专属经济区内建造人工岛屿结构及设施的权力只是一种管辖权而非领土主权,以此为由无法对抗我国的主权。

另一方面,沿海国对岛礁建设活动拥有排他的管辖权。这源于主权对内的命令与调控能力。博丹在 1576 年出版的《论共和国六书》中首次通过大量例证系统论证了主权作为最高权力的问题。[②] 岛礁建设无论从其建造地点、建造方法以及过程中所遵守的法律来看,都由实施建造的国家管辖,遵守该国国内法有关的规定。岛礁建设具有海洋工程活动的性质,在其进行施工的过程中需要遵守法律规定。从地点、建造主体、权利主体来分析,岛礁建设活动完全适用国内法有关规定,排除对其他国家的法律适用。岛礁建设从其内容来看是一个综合岛礁开发工程,既包含海洋工程建设中围海造地的内容,也包括海岸工程中港口、码头、航道、滨海机场等项目建设的内容。这些活动过程都需要遵守我国《海洋环境保护法》《海域使用管理法》《海岛保护法》等法律规定。

第三节 岛礁建设的国际法原则

没有无义务的权利,也没有无权利的义务。岛礁建设的实施离不开对

---

① 何志鹏:《国际法哲学导论》,社会科学文献出版社 2014 年版,第 212 页。
② Kermit L. Hall. *The Oxford Companion to American Law*. Oxford University Press, 2002, p.756.

国际法的恪守与力行。国际法原则构成判定岛礁建设是否合法的重要依据,而国际法理论为岛礁建设的发展提供了动因与支撑。传统的主权理论与内涵在当今的国际社会显现出弊端,面对当前的国际形势,岛礁建设的发展需要践行新平等主义。由于岛礁建设具有扩展一国领土的作用,可能会被一些别有用心的国家利用,进而造成诸多海洋划界争议与冲突,并对公海自由产生严重威胁。为防止海洋强国借此滥用海洋权利,违背《公约》的宗旨和目的,应当寻求国际法对于岛礁建设的有效规范原则。

一、国家主权原则

国家主权原则要求岛礁建设活动所实施的地理范围位于一国主权范围之内。岛礁建设的内容包括通过科技手段将原有岛礁的面积进行扩大或提高岛礁的海拔高度,这是对领土的利用和改良活动。既然属于一国对领土的利用方式,就必须要求所建造的岛礁是在其本国主权范围之下。

领海作为一国国土的组成部分属于一国的主权范围。一国在其领海内开展的任何活动都属于国家主权范围内的权力,不受他国的非法干涉。实施岛礁建设是针对其在领海内原本可能被海水所淹没的岛礁。从结果来看,造成的客观事实是岛礁海拔的提高及水上面积的扩大、岛礁的环境承载力提高、岛上民用设施的丰富。与《公约》中的"人工岛屿结构和设施"明显不同的是,岛礁建设的客体是作为国家领土的岛礁,不属于海洋范畴。《公约》赋予国家的只是"专属管辖权"。对比《公约》第 60 条各项关于人工岛结构、设施的建造、使用和拆除的规定,岛礁建设的结果使原有岛礁与添附所产生的新领土形成了附合,两者已经紧密结合构成了一个不可分割的整体,添附部分自然归入主权管辖之下。《公约》未对岛礁建设的相关制度进行规定,其原因可能是受到了当时立法时代的局限。从国内法规可以看出,各国对人工岛礁、设施或结构的建造和管理拥有专属管辖权。1992 年《领海及毗连区法》没有规定国家有权在领海内建造人工岛礁,也许有些国家认为在拥有完全主权的领海内建造人工岛礁是一项主权之下的权力(无害通过除外),无需加以特别规定。[①] 我国《海域使用管理法》规定了通过填海活动可

①　邹克渊:《岛礁建设对我国领土争端的影响:国际法上的挑战》,《亚太安全与海洋研究》2015 年第 3
期,第 6 页。

取得海域使用权；《物权法》第 122 条也把海域使用权视为用益物权，同时按照《海域使用管理法》第 32 条的规定，填海后，国家可取得新增陆地的土地所有权。

按照传统国际法和国际习惯法，由于添附形成的领土，国家当然地取得该增加部分的主权，从而使国家领土主权得到扩张，而作为添附领土的基础是对该片领土享有主权的国家。在国家实践中，最典型的岛礁建设发生在马尔代夫等由珊瑚岛组成的低海拔群岛国家中。在全球气候变暖和海平面上升作用下，马尔代夫面临珊瑚退化和侵蚀加剧、领土海拔下降等问题，以及人口压力和发展空间缩小的困局，为此，马尔代夫通过填海对其岛礁领土进行加固，并对其岛礁领土进行扩大建设，提升了其作为一个国家而继续存续的资格。马尔代夫对其本国领土的建设体现了添附理论对主权的巩固和维护及领土保持作用。而这一系列活动都是在一国领土范围内，即主权范围内完成的，其既未对其他国家的海洋权益和领土完整构成威胁，也未对公海自由构成实质影响，更没有危及人类的共同财产。

有学者认为，一国对远洋中的岩礁采取"变礁为岛"的建设活动是对人类共同继承财产的鲸吞蚕食，[①]通过主权范围原则，充分而有力地约束岛礁建设的活动范围是必要的。随着科技的不断发展和进步，人类填海造陆的水平不断进步，填海造陆的技术也在不断地更新换代，从最初的围海造地发展为填海造陆，而目前在岛礁建设领域广泛应用的是吹沙填海技术，施工的范围由陆地转向海洋。如果任由岛礁建设活动在主权领土之外应用，则会使争议海域面积的扩大、公海自由受到威胁。目前世界对于海洋权益的争夺已经到了白热化的阶段，日本对孤悬海外的"冲之鸟"进行加固，企图达到"变礁为岛"的目的，进而抢占周边的海洋资源。以上种种迹象表明，如果不对岛礁建设的活动范围加以限定，那么，岛礁建设活动将沦为与其相似的人工岛屿，而人工岛屿建设产生管辖海域的能力几乎为零，不能与岛礁建设相提并论。

二、善意原则

岛礁建设活动在目的上需要具有正当性。单纯为了争抢海洋权益、疯

---

① Roger O'Keefe. Palm-Fringed Benefits: Island Dependencies in the New Law of the Sea. *International and Comparative Law Quarterly*, Vol.45, No.2, 1996, p.419.

狂进行岛礁建设、滥用传统国际法中的添附制度无限制地扩张自己的领土主权，不符合现代国际法的目的和宗旨。岛礁建设必须受到行为目的的限制，即岛礁建设应当以改善岛礁社会经济条件为目的，充分保障驻岛居民的生存发展权利，而非扩展领海面积以拥有更为广阔的管辖海域。早在 1961 年就有美国学者指出："评判人造陆地的有效性，以及所有权合理性的首要标准是建造用途原则，若沿海国企图通过在海面放置几块高于水面的石头来扩大领海，这种做法实不可取。"①

善意原则是《维也纳条约法公约》规定的对国际条约进行解释的重要标准，同时《公约》第 300 条的善意原则和滥用权力限制也对缔约国提出了要求。滥用权力是指国家行使权力侵害其他国家的权利，从而违反国际法。②主权国家利用本国领土时应秉承善意，不得损害他国的权利。同理，在岛礁建设中也要充分遵守善意原则。

首先，建设目的需要充分善意。目的作为主观的判断标准很难为外界所知晓，只能观其外部表现，岛礁建设的外部表现为对建设后岛礁的实际用途和利用的方式。国际法学者麦克杜格尔和布尔克提出了"实际用途"原则，以此判定实施岛礁建设后建造产物的法律地位，即岛礁建设的目的是开发利用海洋空间资源，还是仅为成就岛屿构成要件进而扩大海域管辖权。③我国学者俞世峰则提出为改善驻岛人员生活，为海上捕鱼、搜救、航行等民事活动提供必要服务与资源而进行的我国岛礁建设活动是符合国际法体系的。出于觊觎海洋资源、损害他国合法权益以及海洋生态环境的岛礁建设行为则不符合领土添附理论，属于侵害他国合法权益的行为。④我国学者邹克渊也认为各国开展岛礁建设的真实目的需要在善意原则下进行进一步考量。⑤

综上，可以看出善意原则是岛礁建设活动的一项基本原则。各国开展岛礁建设活动需要秉承善意之目的，旨在改善岛礁生产生活条件、提供国际

① Myres S. Mcdougal and William T. Burke. Claims to Authority over the Territorial Sea. *Philippine International Law Journal*, Vol.1, 1962, p.138.

② 张海文：《〈联合国海洋法公约〉释义集》，海洋出版社 2006 年版，第 574 页。

③ 谈中正：《科技发展与法律因应：人工固岛的国际法分析》，《武大国际法评论》2014 年第 2 期，第 81 页。

④ 俞世峰：《造岛行为的主权合法性判别》，《法学》2015 年第 7 期，第 133 页。

⑤ 邹克渊：《岛礁建设对我国领土争端的影响：国际法上的挑战》，《亚太安全与海洋研究》2015 年第 3 期，第 8 页。

公共服务输出、加强海上搜救力量等可以理解为善意的目的。民用设施是岛礁建设内容中的重要组成部分，虽然学界对在布置军事设施上存在的分歧较大，但部署军用设施并非以军事利用为目的。以我国南沙岛礁为例，由于这些岛礁远离祖国大陆，本身面积狭小是制约岛礁发展的重要因素，加之交通不便这才由军队所驻守，以确保领土主权的完整。但通过建设后岛礁的军事功能将得到弱化，取而代之的是更多的民用功能的完善和国际公共服务设施的建立，例如灯塔、港口、气象监测、海上搜救中心的设置，所以对于岛礁建设中军事目的的判断还要通过其后期的行为和实施效果来进行进一步考量。

其次，岛礁建设不应以扩展管辖海域、争夺海洋资源为目的。岛礁建设是对一国领土的扩展，岛礁面积的扩大会导致岛礁低潮线的改变。《公约》对正常基线的规定为沿海国官方承认大比例尺海图所标明的沿岸低潮线。同时，在岛屿、位于环礁上的岛屿或有岸礁环列岛屿的情形下，测算领海宽度的基线是沿海国官方承认的海图上以适当标记显示的礁石向海低潮线。岛礁建设会对领海基线产生一定的影响，为了防止一些国家采用在其领海不间断地进行岛礁建设以扩展其领海面积的活动，应当对此进行限制，防止其利用"蛙跳式"的方式损害公海自由。《公约》区分人工岛屿和自然岛屿的目的就在此。如果赋予人工岛屿拥有与自然岛屿同等的地位，可能公海就不复存在了。岛礁建设也如此，尽管岛礁建设的地理位置位于一国领土范围内，但国家可以不间断地在领海内进行岛礁建设以使自己的领海逐渐向外扩展，此种利用方式不应认为是一种善意的行为。

作为我国固有的领土，我国对岛礁享有无可争辩的主权，这点在我国《领海及毗连区法》第2条中予以了明确规定。[①] 我国对南沙群岛、西沙群岛等持一体化立场。我国于1992年就公布了西沙群岛的领海基线，基线内的水域属于我国内水。[②] 我国对西沙永兴岛的岛礁建设已经初具规模，纵观整个岛礁建设活动，我国对西沙永兴岛的建设都在我国内水的范围内完成，未对周边国家的海洋权益造成损害，且极大改善了岛上的生产生活条件。

---

① 《中华人民共和国领海及毗连区法》，http://www.npc.gov.cn/wxzl/wxzl/2000 - 12/05/content_4562.htm，最后访问日期：2020年6月8日。
② 王军敏：《论南沙群岛的群岛地位》，《法治研究》2016年第4期，第11—30页。

建设面积从原来的 2.1 平方公里扩展到 2.6 平方公里,并对岛上设施进行了丰富和完善。从结果来看,我国的岛礁建设并未扩展我国领海的面积,未对公海自由产生任何影响,这与日本对"冲之鸟"的建设行为形成了鲜明对比。

三、适当顾及原则

当一国行使岛礁建设权利时,不应对其他国家和整个国际社会的权利及利益造成不当影响,这一原则体现在《公约》之中,并贯穿整个公约。在《公约》中共有 19 处出现了"适当顾及"的表述。[①] 领海、用于国际航行的海峡、专属经济区、大陆架、公海、国际海底区域的规定,以及海洋环境保护都涉及"适当顾及"。同时,在选举大陆架界限委员会以及选聘国际海底管理局工作人员的规定中也体现了适当顾及原则,可以说,适当顾及不仅对实体问题具有约束作用,而且应用于程序性事项中。《公约》所构建的海洋国际法秩序,充满了让步与妥协,适当顾及原则作为一种"润滑剂",旨在平衡国家间的利益。岛礁建设中的适当顾及原则主要体现在以下三个方面。

第一,岛礁建设位于一国领海范围内,应当顾及领海的功能,以及其他国家在沿海国领海内享有的权利。无害通过是外国船舶在沿海国享有的权利,岛礁建设应顾及其他国家无害通过权利。岛礁建设作为领土利用活动不受其他国家的非法干涉,但还需要顾及对领海内无害通过船舶航行安全的影响。沿海国负有对其控制下领海内的危险情况以适当方式公布的义务。岛礁建设作为一国利用其领土的活动没有任何过错,但如果其对过往的船舶增加了危险事由,则应对此进行公布,以免危及他国船舶的航行安全。在"科孚海峡案"中,尽管英国海军在阿尔巴尼亚领海的扫雷活动侵犯了其主权,但阿尔巴尼亚有义务将其在领海内部署水雷的事项公布,以确保过往船只在其领海内的无害通过权利。[②] 一国进行岛礁建设时,对周围的区域应采用类似人工岛屿中安全区域的做法,以保障过往船只的无害通过权利和航行安全。岛礁建设与人工岛屿在海洋空间的利用方面有一定的相似,所以《公约》对人工岛屿的规定对岛礁建设活动有借鉴意义。对于人工

---

① 张国斌、Ye Lin:《〈联合国海洋法公约〉"适当顾及"研究》,《中国海洋法学评论》2014 年第 2 期,第54 页。

② 张晏瑲:《海洋法案例研习》,清华大学出版社 2015 年版,第 76 页。

岛屿适当顾及的内容可规定为："任何沿海国家以人工岛礁为中心建立起的安全区,须得保证该安全区同人工岛礁的性质及用途有着合理的联系,亦应发布该安全区外围的相关注意事项"。另外,对人工岛屿、设施、结构及周围的安全区,不能对公认的航运航线造成影响,否则应禁止建造。从《公约》规定中可以推断,安全区域的作用是维护人工岛礁和过往船只的安全,避免出现碰撞事故的发生。岛礁建设遵循适当顾及原则,在进行建设过程中也可以采取设置安全区域、发布公告等方式,以保障航行安全和无害通过。

第二,岛礁建设应适当顾及海洋环境的保护与保全。岛礁建设活动应符合防止、减少和控制海洋污染的要求。《公约》第 194 条明确提出"各国在适当情形下个别或联合地采取一切符合本公约的必要措施,防止、减少和控制任何来源的海洋环境污染,为此目的,按照其能力使用所掌握的最切实可行的方法,并应在这方面尽力协调它们的政策",这也是对岛礁建设活动在环境保护问题上提出的总体义务要求。《公约》尚无对岛礁建设的规定,但岛礁建设是对领土进行的改良利用工程,势必会对海洋环境产生一定影响,因此岛礁建设需对海洋环境保护与保全进行充分考量,对海洋环境适当顾及。在进行岛礁建设过程中应当对周边的海洋环境进行科学的评估和详细的论证,2016 年 4 月美国经济和安全评论委员会发布了《中国在岛礁建设：损害海洋环境、影响及国际法》,主要针对中国岛礁建设对珊瑚礁生态系统和渔业资源养护造成了不良影响,以此抨击中国岛礁建设行为违反国际法相关规定。[①] 对此,我国回应称,中国的岛礁建设是中国主权范围内的事,并没有对岛礁周边海域的生态环境造成严重损害,[②]具体从通过建设前后生态环境评价、岛礁栖息物种数据分析、环境水质等诸方面深入细致地回应了国际舆论的不实之言,对维护国家海洋权益、彰显岛礁建设的合法性具有重要意义。

岛礁建设在世界范围内有着广泛的国家实践。人类运用添附理论对其主权内的领土进行填海造陆,扩大岛屿面积的事例很多。13 世纪的荷兰就

---

① Matthew Southerland. China's Island Building in the South China Sea: Damage to the Marine Environment. *Implications and International Law China Economic and Security Review Commission*, 2016.

② 《南沙岛礁扩建工程不会对海洋生态环境造成破坏》,http://www.soa.gov.cn/xw/hyyw_90/201506/t20150618_38598.html, 最后访问日期：2020 年 2 月 10 日。

开始从沿岸的浅滩中利用围海填海技术扩大国家领土；2001年迪拜的沿岸建设了两个"人造群岛"——世界岛和棕榈岛。在我国周边国家中，越南、马来西亚、菲律宾在对其侵占中国的部分岛礁上实施扩建，修建机场、军事设施、防御工事等。马来西亚对弹丸礁进行人工填海造陆，并将其打造成为世界著名的潜水度假胜地。① 以上活动都会对海洋环境造成一定的破坏。岛礁建设过程中对适当顾及原则的贯彻还需要考察建设过程是否采取了合理措施，将环境破坏降到最低，是否尽到了审慎义务。

第三，岛礁建设应适当顾及对他国领土带来的不利后果。尽管岛礁建设局限于领土范围之内，但是由于海洋环境的整体性特征，还是会对相邻国家造成影响。《奥本海国际法》指出，领土添附具有增加海洋领土的法律效果。"岛屿产生在领海以外的公海，它们不属于任何国家的土地，任何国家可以通过限制而取得领土主权。如果一个岛屿产生在领海内，它就添附于沿岸国的土地，而领海的范围在这时候就从新生岛屿的海岸线起算。"② 从传统的国家法理论可以得知添附方式在增加领土的同时，也增加了领海面积。在领海范围内自然出现新岛屿的情况非常罕见，目前来看只有一个例子。2013年11月20日，日本小笠原群岛发生海底火山喷发，形成了一个新的岛屿，日本计划将这座岛屿列入本国版图。③ 世界范围内的岛屿目前已被各国占领，通过先占等方式取得岛屿的领土主权已不可能，只能通过在自己领土范围内建造岛屿的方式实现。当一国岛礁建设侵犯他国领土时，会引发国际争端。同理，岛礁建设具有填海造陆的外部特征，需要对相关国家的领土利用情况加以考量，适当顾及岛礁建设是否会影响相邻国家的领土利用情况。

岛礁建设作为一个复杂而系统的领土利用与改良活动，应当受到适当顾及原则的约束。只有在行使岛礁建设权利的过程中适当顾及其他国际法主体的权利，才能保证本国权利更好地运行。适当顾及原则作为国际法中平衡国家间权利的重要原则，能够为国家的岛礁建设提供更为全面的利益

---

① 马博：《审视南海岛礁建设法理性问题中的三个国际法维度》，《法学评论》2015年第3期，第154页。
② ［英］劳特派特修订：《奥本海国际法》（上卷第二分册），王铁崖、陈体强译，商务印书馆1989年版，第82—83页。
③ 俞世峰：《造岛行为主权合法性判别》，《法学》2015年第7期，第130页。

考量。

四、稳定边界原则

岛礁建设产生的结果体现在对岛屿岸线的改变。随着岛屿面积扩大、海拔高度的变化会对沿海国划定领海基线产生影响。另外，港口和永久性海港工程的建设也是岛礁建设的内容，这些活动都会对领海的划定产生影响。

若将岛礁建设视为利用领土添附取得的新领土，则可以有效增加国家领土主权和管辖海域的面积。依据学者的观点，岛礁建设尽管不改变原有海上地物的法律地位和性质，但是对基线和基点的确定具有重要意义。《公约》对部分人工活动的产物在确定基点基线的作用也进行了规定，即作为永久性海港工程的堤坝延伸向海洋的最远处作为基点的起算点。同理，在岛屿上修建的港口工程、沿海防护工程，不应将其认定为人工岛屿的结构与设施，应当作为港口的延伸部分。[①] 建设后的岛礁法律地位应视为建造前法律地位的延续，人工设施所依托的自然高地的类型是判断的决定因素。[②] 罗国强教授认为对于岛礁填海造地的法律效果，取决于岛礁的性质和添附的手段，如果是添附岛屿或者是自然添附的岩礁，岛礁被添附后可以享有更大的专属经济区和大陆架；如果是人为添附的岩礁，添附行为既不能改变岩礁的性质，也不能为岩礁带来专属经济区和大陆架。[③] 有学者对岛礁建设中对港口的建设方面的国家实践进行了总结，认为当沿海国利用港口为基础进行人工设施的建设或者港口功能的完善时，基础的目的是完善港口的功能，导致海洋权益增加，以满足沿海国行使领土主权的需要，因此长期以来，在大陆海岸线的添附和建设并没有引发激烈的冲突。[④] 关于洋中群岛的问题，岛礁建设的扩张作用是否构成对公海利益的侵犯还有待进一步确认。

以海洋法制度解构岛礁建设活动，岛礁建设则被认定为人工岛屿建设。

---

① 傅崐成、李敬昌：《若干国际法律问题》，《太平洋学报》2016 年第 7 期，第 61 页。
② 郭中元、邹立刚：《中国南沙岛礁建设对岛礁法律地位的影响分析》，《新东方》2017 年第 1 期，第 1—5 页。
③ 罗国强：《中国在南海填海造地的合法性问题》，《南洋问题研究》2015 年第 3 期，第 16 页。
④ 黄炎：《中国扩建"美济礁"行为的国际法效力研究》，《中南大学学报（社会科学版）》2016 年第 3 期，第 70—76 页。

《公约》岛屿制度通过设置"自然形成"要素,将人工岛屿排除在外,剥夺了人工岛屿的划界效力。有学者将我国岛礁建设定义为人工岛屿、设施、结构的建设。依据《公约》对人工岛屿的规定,我国岛礁建设后这些岛礁没有自己的领海;①荷兰对鹿特丹港的建设符合永久性海港工程建设的特点,最终建设的结果是成为荷兰本国海岸线的组成部分。

　　对比上述两种观点笔者发现,岛礁建设产生所形成新岛屿是否具有领海能力,依据海洋法和领土法得到的结果不尽相同。《公约》缺乏对"人工岛屿"的明确解释,使得与岛礁建设二者的概念容易混淆。岛礁建设是以国家对岛礁的领土主权为基础所实施的主权活动;人工岛屿则是依据海洋法行使的相关权利。笔者认为,岛礁建设的目的是充分利用海洋空间资源、开发岛礁资源、促进社会经济发展,而非攫取更广阔的海洋权益,所以,岛礁建设扩展管辖海域的能力应当以实际的开发利用为限度,即岛礁建设不改变原有海上地物的法律地位,获得管辖海域的能力由其扩建前的地貌所决定。这是一种折中和较为合理的方法,主要原因如下。

　　第一,出于稳定边界的目的,岛礁建设应遵循对海上边界最低程度的改变。《公约》对人工岛屿作出没有领海的规定正是出于稳定边界的目的。如果赋予人工岛屿与《公约》第 121 条规定的岛屿享有同等的法律地位,就会产生滥用权利的问题,即通过建筑人工岛屿来扩张管辖海域范围。相反,如果通过岛礁建设来影响海上边界的稳定,就会出现大量的划界争端,会对现有的海洋秩序造成重大影响。纠纷增多会影响《公约》和平利用海洋宗旨的实现。

　　第二,从整体来看,实施岛礁建设的国家权利并未受到减损。在此情形下岛礁建设体现的一种情况是陆地面积的增加、领海面积的减少,但其国家主权管辖的范围并未因此而减少,而是呈现出一种海洋与陆地的转换。作为主张海洋权利基础的岛礁仍然存在,依然可以依据其自身的法律属性享有相应的管辖海域范围。构成海港体系组成部分的最外部永久设施仍然是海岸的一部分,可以作为划定直线基线的基点而发挥作用。

　　第三,相应的国家实践。缅甸和印度在《安达曼海划界协议》中已经明

---

① 赵心:《从国际法角度解读中国南沙岛礁建设的法律性质问题》,《理论与改革》2015 年第 6 期,第 160 页。

确作出约定，即双方对划界后出现在其一侧的岛屿拥有主权，但该岛屿的出现不影响边界的效力。[①] 对于已经明确的海上边界出于维护的目的，不应随意加以变更，避免引发新的划界争端。从地区局势安全和国际社会的稳定来看，岛礁建设活动不宜对海上划界产生重大影响。

虽然领土保持不是一项国际法的基本原则，但是在倡导和平发展的国际环境下，其有着广阔的发挥空间。岛礁建设作为传统国际法添附理论与现代岛屿制度的结合，其属于新兴事物，必须建立在广泛尊重国际法的前提之下才能发挥应有的作用。

岛礁建设无可非议，其主权源自传统国际法的添附理论。在早期的国际法理论与国际惯例中得到广泛支持，并将之认定为国家应有的权利。但是，由于1982年《公约》的生效，新的海洋秩序构建起来，形成现有的海洋格局。国际法关于岛礁制度的规定与人类改造自然能力的提升导致岛礁建设制度的产生。岛礁是我国领土不可分割的一部分，我国对本国领土进行建设是作为一个主权国家应有之权力，不受任何国家的干涉。周边国家指责我国岛礁建设活动的目的在于否定我国的主权，归根结底是主权争端所引发的。我国要高度重视在岛礁建设中所引发的国际法问题，以防其他国家借题发挥。

[①] 谈中正：《科技发展与法律因应：人工固岛的国际法分析》，《武大国际法评论》2014年第2期，第81页。

第二章
岛礁建设的主权合法性困境及其消解

领土为主权国家提供了地理空间的载体,主权国家为了满足其特定的目的和需求,会有选择性地对其主权控制下的岛礁进行开发建设。国家对领土的开发利用属于国家主权的基本内容,在不侵犯其他国家合法权利的情况下,主权国家的岛礁建设活动受到国内法的约束。国家实施岛礁建设的权力基础是国家对所建岛礁享有的领土主权,因此,岛礁建设的主权合法性判定是认定国家实施岛礁建设合法性的基础判定规则。

第一节　岛礁建设的主权合法性判定

虽然岛礁建设是主权国家实施的一种主权活动,但其行为本身受到国内法与国际法的双重调整。岛礁建设的合法性判别,需要结合国际法中关于国家行为的合法性要求进行分析,明确主权国家岛礁建设的国际法义务来源。在岛礁建设合法性判定的过程中,存在着不同的判定规则。笔者主张从岛礁建设的主权合法性、行为合法性、结果合法性三个层面进行合法性判定。这里,对三种判定的关系予以理顺,并明确主权合法性判定的逻辑层级。

一、岛礁建设合法性判定的理论分歧

岛礁建设彰显的是国家意志,具有扩张一国主权领土范围的作用,故主权国家对在建岛礁享有合法的主权权利。通过主权合法性认定,可以有效

防止主权国家滥用权利，进而侵害其他国家海洋权益和妨碍公海自由。以主权合法为前提，以此判定岛礁建设是否构成国际不法行为，既是一种从根本上防止国际不法行为发生的判定方式，也是一种较为基础的判别规则。然而，从主权国家实施岛礁建设的行为和结果方面看，面临违反国际义务的风险。

（一）主权合法性判定标准

在建岛礁必须满足构成一个国家领土的客观要求。岛礁建设体现的是国家意志，由于岛礁建设能够扩大一国领土，故国家对其享有完整的领土主权，这也符合岛礁建设作为领土改良利用工程的特点。相反，如果一国建造的岛礁非其本国固有领土或建造的岛礁主权不符合国际法，则该行为可能被认定为违反国际法。岛礁建设享有合法主权的依据体现在，岛礁的权利归属及海洋法上对岛屿的认定。由于大多数岛礁建设的岛礁位于沿海国的近岸范围，故对其他国家的海洋权利影响较小。随着科学技术的不断发展，岛礁建设由近岸向远洋扩展，但是无论是位于历史性水域还是历史性海湾范围之内的岛礁都有着共同的特点，即没有突破国家主权的范围。

（二）行为合法性判定标准

岛礁建设活动在行为模式方面存在合法性判定。这种判定岛礁建设活动中国际不法行为的方式着眼于《公约》中的"适当顾及原则"。[①] 所谓适当顾及原则是指在岛礁建设活动中，实施岛礁建设的国家负有适当顾及其他国家及国际社会公共利益的国际法义务，如果缔约国违反这一国际义务，并且对周围航运航线、海洋环境以及其他国家海洋权益造成严重影响，则此种岛礁建设可能欠缺行为合法性因素。

从行为合法性判定方式来看，国家进行岛礁建设时需要保持一定的克制。"行使自己的权利不能损害他人的权利"是国际社会普遍认可的一般法律原则之一，它要求国家在行使自己的权力时，适当顾及其他国家的相关权

---

① A. Daniel. Legal Implications of China's Land Reclamation Projects on the Spratley Islands. *New York University Journal of International Law and Politics*, Vol.47, No.855, 2015, p.167.

利,确保不损害他国利益。① 尽管《公约》没有提及岛礁建设中适当顾及的具体内容,但根据《公约》规定,沿海国为人工岛礁建立安全区时,需要顾及与人工岛屿使用过程中相关的安全问题,并对该安全区域进行明示,同时不能对公认的国际航运航线造成影响。岛礁建设与人工岛屿建设存在一定程度上的相似,除以上内容外,还应保障其他国家的航行自由、飞越自由、铺设海底管道和电缆自由等权利,不得妨碍公海自由。

(三)结果合法性判定标准

岛礁建设活动合法性判定还应关注岛礁建设结果层面的合法性,即岛礁建设的行为结果合法性判定。判定岛礁建设合法性倾向于采取分散性的方式,即具体考虑一国岛礁建设后所产生的环境污染、气候恶化、影响通航以及军事威胁等问题。② 与前两种标准所不同的是,以行为结果的标准判定岛礁建设的合法性侧重于对产生具体结果影响方面,并分析岛礁建设活动是否违反沿海缔约国所缔结的条约或国际习惯,例如与环境有关或与军事有关的其他公约。如果一国在进行岛礁建设活动的过程中违反了《伦敦倾废公约》中对海洋倾倒废弃物的规定,或者用于添附建造岛礁的材料含有有毒有害物质,致使海洋环境受到破坏,就可能引起国家责任。因此,岛礁建设活动所产生不法行为的判定受到本国所缔结和加入的条约的影响。由于这些条约受到所处时代的局限性,未能将岛礁建设纳入相关范畴,但在造成的损害结果方面,此类公约仍然具有法律效力,例如《伦敦倾废公约》并未明确规定岛礁建设相关法律责任,但如果一国在实施岛礁建设过程中向海中倾倒有毒有害物质,则仍然构成对《伦敦倾废公约》的违反。

以上三种合法性判定标准,是充分考虑了岛礁建设活动的性质和特点所进行的具体判定。通过对上述合法性判定的分析,笔者认为,有必要从理论上对岛礁建设的合法性判定标准进行逻辑理顺,以形成适用相应标准的逻辑顺位,比对上述三种判定规则,行为合法性判定和结果合法性判定尚存

---

① 叶泉:《论沿海国岛礁建设的边界、效应及中国的应对》,《环球法律评论》2017 年第 3 期,第 190 页。
② 蒋小翼:《岛礁建设的国际环境法律义务解析》,《海南大学学报(人文社会科学版)》2017 年第 2 期,第 36 页。

在些许问题。

首先，就行为合法性判定标准而言，岛礁建设活动合法与否存在规范力度上的薄弱。所谓规范力度上的薄弱，即从规范上缺乏对岛礁建设活动的具体指引。以"适当顾及原则"为判定标准类似于一种原则性的规范，其具有一定的抽象性，不能直接指导岛礁建设活动。因此，在出现相应的不法行为时也难以寻求直接的归责依据。《公约》对于主权国家在其管辖海域范围内建造人工岛屿的规定中，作出了一定的要求，明确了管辖权的内容。这里的规范力度存在于"合理的联系""注意事项"以及"不能造成影响"之中，其解释空间非常庞大，除了原则性、方向性的指引外，无法对岛礁建设的合法性给予详尽的法律指引。

其次，结果合法性判定标准在判定岛礁建设活动合法性方面存在规范内容上的单一性。尽管以结果合法性义务为判定岛礁建设合法与否的标准具有一定的可操作性，并能够规范岛礁建设的具体细节，但缺乏充分的契合性。关于岛礁建设的国际条约和公约集中于海洋环境保护、国家军事活动、海洋航行安全领域，缺乏专门的国际性条约。例如《伦敦倾废公约》第 3 条第 1 款对"倾倒"界定为："任何从船舶、航空器、平台或其他海上人工构筑物上有意地在海上倾弃废物或其他物质的行为"和"任何有意地在海上弃置船舶、航空器、平台或其他海上人工构筑物的行为"。然而，从该公约内容来看，岛礁建设活动中向海里倾倒土石方以对岛礁进行加固的行为属于一种建造行为，不能当然地解释为一种倾废行为。因此，对于岛礁建设活动中的相关活动能否以《伦敦倾废公约》为依据进行不法行为的判定，从而要求该国承担国家责任仍然处于较大的争议之中。从这一点来看，零散于各公约中的相应条款对岛礁建设活动的约束力仍然十分有限。各国为维护本国的岛礁建设活动，会对《伦敦倾废公约》进行有利于本国的解释，以证明其岛礁建设活动符合国际法规定。

综上所述，岛礁建设的行为合法性判定标准与结果合法性判定标准存在其本身所不能克服的缺陷，而岛礁建设作为国家主权活动，行为对象是其本国领土控制下的岛礁，而作为行使国家主权的基础，其对岛礁享有领土主权的合法性判定，所以，应当以岛礁建设主权合法性判定的标准为基础性判定。

二、岛礁建设主权合法性判定的基础作用

国家主权原则是岛礁建设的直接国际法依据,国家对管辖范围内领土的开发利用是岛礁建设的目的和价值所在,岛礁建设的权利基础是主权国家对所建设岛礁的领土主权。岛礁建设一旦脱离领土主权范围会发生性质的变化,被认定为人工岛屿建设。对于此种情况,我们需要提高警惕,同时在具体实施岛礁建设的过程中遵守"谨慎主权"的国际法义务,防止引发国际不法行为。国家实施岛礁建设活动时亦应对其建设行为和建造结果负责,以此充分履行"谨慎主权"义务。

岛礁建设主权合法性判定标准的基础性作用是由其法律性质决定的。在建岛礁必须满足构成一国领土的客观要求。岛礁建设体现的是国家意志,其能够扩大一国领土主权范围,这要求进行建造的岛礁构成一国的领土,并对其享有完整的领土主权,这也符合岛礁建设作为领土改良利用工程的特点。相反,如果一国建造的岛礁非其本国固有领土或建造的岛礁主权不符合国际法,则其行为可能被认定为非法。然而,《公约》中没有明确规定主权国家的岛礁建设是否能够影响对岛屿的认定,故世界各国积极开展造岛活动,但是日本对"冲之鸟"的建造在权利基础方面与其他国家不同。日本依据《凡尔赛和约》虽然享有对"冲之鸟"的委任统治权,但不属于领土主权,亦不能通过任何活动转化为领土主权,所以,在主权合法性层面,日本对"冲之鸟"的建设只符合《公约》中有关公海人工岛屿建造的规定。[①]

岛礁建设是领土取得中添附在岛礁层面的运用,受到国家主权原则的制约。在领土取得的方式中,领土的添附是有效的领土取得方式。[②] 作为罗马法规则在国际法领域的应用,利用添附的方式取得和扩展领土要求实施行为的国家对原领土享有完整的领土主权。通过添附,新的领土增加在原有领土的基础上,原领土与添附增加的领土形成附合进而构成新的整体。主权国家通过这一活动增加了新的领土,并相应增加了新的领土主权范围。而添附的前提是,主权国家对在建岛礁享有合法的主权权利。通过主权合法性认定可以有效防止主权国家滥用权利,进而侵害其他国家海洋权益和

[①] 俞世峰:《造岛行为的主权合法性判别》,《法学》2015 年第 7 期,第 125 页。
[②] 贾兵兵:《国际公法理论与实践》,清华大学出版社 2009 年版,第 441 页。

妨碍公海自由。以主权合法为前提，以此判定岛礁建设的合法性是一种较为基础的判别标准。

岛礁建设是行使国家领土主权的行为，以国家对自然资源永久主权的利用为内容。联合国大会通过的《建立新的国际经济秩序宣言》（简称《宣言》）确立了主权国家对自然资源的永久主权，即"每一个国家对自己的自然资源和一切经济活动拥有充分的永久主权。为了保卫这些资源，每一个国家都有权采取适合自己情况的手段，对本国资源及其开发实行有效控制。作为国家永久主权的体现，任何一国都不应遭受经济、政治或其他任何形式的胁迫，以致不能自由地和充分地行使这一不容剥夺的权利。"[1]要达到岛礁建设的预期目标，应当完全按照享有领土主权其本国的意志所实施。而《宣言》的宗旨是应当尽一切努力实现一切国家都享有对本国自然资源的自由开发的永久主权，需要突破一切的困难与阻挠。

综上所述，岛礁建设作为行使国家领土主权的行为，应当以其对所建设的岛礁享有充分合法的领土主权为基础。2015 年，我国对外宣布完成对南沙群岛部分岛礁的建设活动，岛礁建设成为党的十八大以来的一项重大成就。然而，由于争端的长期性和复杂性，我国的岛礁建设被一些别有用心的国家曲解为人工岛屿建设，其旨在否定我国对岛礁享有的领土主权。因此，我国需要加强对岛礁领土整体取得的问题研究，为岛礁建设提供坚实的理论基础。

第二节　岛礁建设的主权合法性的证明

2013 年 12 月，我国开始了对南沙群岛部分岛礁的建设活动，并于 2018 年 6 月陆续完成。在此过程中，我国利用岛礁建设新造陆地面积约 13 平方公里，并修建了大型灯塔，修缮了房屋设施、地下储备空间，新建了机场、码头，而以上活动却遭到了某些域外国家的质疑，其将岛礁建设曲解为人工岛屿，否定我国对岛礁的领土主权。对此，我国外交部回应称，我国的岛礁建

---

[1]《建立新的国际经济秩序宣言》，联合国大会第 2626（XXV）号决议，http://www.un.org/zh/documents/view_doc.asp? symbol＝A/RES/3201（S-VI），最后访问日期：2020 年 3 月 1 日。

设完全是我国主权范围内的事情,不影响和针对任何国家。[1] 我国岛礁建设的主权权利基础有着充分的国际法依据。

一、中国早期在岛礁的活动确立了初始性权利

"江汉之浒,王命召虎:式辟四方,彻我疆土。匪疚匪棘,王国来极。于疆于理,至于南海。"[2]以上是我国对南海命名的最早出处。从此以后,"南海"一词沿用至今,成为这片广袤海域的称谓。孔子曰:"不学诗,无以言。"加之《诗经》在民间广为流传,"南海"一词为中国的先民所熟知。公元 5 世纪后,中国历代地理或文学作品频繁提及及其岛屿。[3] 其后,中国人民不断地在该群岛及附近海域从事捕鱼、拓荒活动。宋代的《诸藩志》和《梦粱录》、元代的《岛夷志略》、明代的《东西洋考》和《顺风相送》,以及清代的《广东通志》和《海国闻见录》等均记载了这种情况。[4]

从古至今,南海在我国对外交流、海上贸易、航行捕鱼等方面扮演着重要的角色。"海上丝绸之路"的繁荣发展推动了我国对南海的认识和岛礁的开发。自秦汉开始,"海上丝绸之路"兴起,随着船员航海经验的传承与航海造船技术的不断发展,我国对南海及诸岛的记录日益增多并不断精确,与周边国家交往日益频繁。"海上丝绸之路"发展至宋元时期,我国可穿过印度洋到达地中海北岸。明末清初,中国奉行闭关锁国政策,"海上丝绸之路"发展日渐衰微;1840 年中英鸦片战争后,中国逐渐沦为半殖民地半封建社会,"海上丝绸之路"逐渐淡出人们的视野。

19 世纪初,绘制疆域地图的重要性开始为中国政府和民间私人学者所重视。1883 年,德国准备对我国南沙群岛进行测量调查,后由于清廷严正抗议,德国遂放弃。[5] 以上证据在一定程度上证明了中国政府对南沙群岛行使有效的管辖,并得到了德国的承认。1914 年,两位私人绘制者绘制了中国地形,图中的南海海域出现了一条连续的海疆线,将南海的部分海域以

---

① 《中方建设南沙不针对任何国家》,http://world.people.com.cn/n/2015/0416/c157278 - 26856374. html, 最后访问日期:2020 年 3 月 1 日。
② 王秀梅译注:《诗经·大雅·汉江》,中华书局 2016 年版,第 888 页。
③ 杨翠柏:《南沙群岛主权法理研究》,商务印书馆 2015 年版,第 1 页。
④ 邵津:《国际法》,高等教育出版社 2008 年版,第 116 页。
⑤ 赵理海:《海洋法问题研究》,北京大学出版社 1996 年版,第 11 页。

及两个群岛划入中国版图。[①] 1935 年 1 月，中国政府设立了负责审查中国出版的私人地图的水陆地图审查委员会，并公布了 132 个岛礁的中、英文名称。[②] 1935 年 4 月，该委员会出版了《中国各岛屿图》。[③]

声索国主张对南沙部分岛礁享有领土主权的地图证据不足以支持其合法主权存在。除我国外，越南外交部于 1979 年发布的《越南对于黄沙和长沙两群岛的主权》也提出了一些历史证据，例如其《白皮书》指出，长沙群岛（南沙群岛）以前称之为"大长沙"，中越两国许多史书都有"大长沙"的记录，并且其认为自 15 世纪安南王时期就处于越南的有效管理之下。而且，越南还主张其官方的文件记录可以追溯至 1650—1653 年。此外，越南还以一幅出处不明的《大南一统全图》作为证据。其实，越南所谓"大长沙"仅为越南沿海的一些岛屿和沙洲，并非指称我国的南海。[④] 菲律宾、马来西亚、文莱等其他东南亚国家也占领了我国南沙群岛部分岛礁，它们都对部分岛礁提出了主权主张，其主要依据并非建立在历史证据基础之上，而以地理邻近原则、"大陆架自然延伸"等地质证据作为权利主张的证明，例如菲律宾最初对 1947 年本国几名商人和律师以"发现"无主地为名，对其建立卡拉延州的主张予以驳回，然而，1971 年，菲律宾官方却以南沙群岛部分岛礁位于卡拉延群岛的大陆架上为由，声称对这些岛礁享有领土主权。其前后态度存在明显差别，而主权争端中判定主权存在的规则并没有提及"地理邻近"原则。

以上历史性证据显示，我国千百年来对南海海域及其岛礁连续一贯地行使了立法与行政管辖，以及其他的主权行为。显然，其他国家的主张均不能有效影响我国所享有的领土主权。

二、国际法对我国岛礁主权权利的确认

通过前文关于历史证据的陈述，论证了我国是最早发现并利用南海及

---

① 高之国、贾兵兵：《论南海九段线的历史、地位和作用》，海洋出版社 2016 年版，第 34 页。

② J. Mark Valencia on M. Van Dyke Noel A. Ludwig. *Sharing the Resources of the South China Sea*. Marinus Nijhoff Publishers，1997，pp.225–235.

③ Monique Chemillier-Gendreau. Sovereignty over the Paracel and Spratly Islands. *Kluwer Law International*，2000，p.256.

④ 张卫彬：《中越南沙群岛之争的证据分量比较：基于国际法院解决领土争端判案规则视角》，《太平洋学报》2014 年第 10 期，第 112 页。

岛礁的国家。我国对岛礁进行开发利用的历史证据,构成对发现和先占的国际法意义。历史证据并结合国际法,我国在南海及岛礁确立了初步的领土主权。此外,我国的岛礁建设主权合法性依据还存在于众多的国际条约、边界条约等法律文件中。

中越边界条约可证明我国享有岛礁主权。越南主张,1887 年《中法续议界务专约》已经将南沙诸岛划归越南,该条约的双方是当时的清廷和法国,而越南作为独立后的法国殖民地继承条约中确定的边界。该条约就当时两国彼此实际和有效控制区域的划界缔结的条约,承认了中国对界线东侧的岛屿享有主权,由此确立了中国的所有权。对此问题,在 2002 年"吉丹岛和西巴丹岛主权归属案"中,可以为《中法续议界务专约》的解释提供借鉴。[①] 该案,印度尼西亚以 1891 年英国与荷兰所签订的条约为依据,主张对两个争议岛屿享有主权。然而,该条约没有明确提及这两个岛屿的具体名称、地理位置。国际法院根据条约的文本、宗旨、目的解释方法,并考察两国嗣后的国家实践,通过分析后认为,1891 年所签订的条约并未明确提及争议领土的分配,从而否定了印度尼西亚的主张。[②] 与之类似,《中法续议界务专约》所划分的领土归属也仅是当时广东沿岸近海的岛屿,并未明确将南沙群岛归属于越南,因此,南沙群岛的主权没有发生任何转移。[③] 对此,法国学者也承认越南的主张缺乏有效的国际条约证据。而有些西方学者认为,日本自 1945 年军队撤出南沙群岛后,该群岛就处于无人占领的状态,因此各国政府可以提出主权主张。显然,这种观点缺乏国际法依据。[④]

第二次世界大战(简称二战)后的国际性条约进一步确定了中国对及岛礁的主权。实际上,中国恢复对南沙群岛的主权存在明确的条约证据。一是 1943 年《开罗宣言》明确宣布剥夺"日本所窃取的中国的领土,例如满洲、台湾、澎湖列岛等",以及日本"将被逐出其以武力或强烈贪欲所攫取之所有土地"。随后,《波茨坦公告》第 8 条规定:日本的领土"仅限于本州、北海道、九州、四国及吾人所决定其他小岛之内"。显然,日本于 1939 年侵占的

---

① 王潞:《国际局势下的九小岛事件》,《学术研究》2015 年第 6 期,第 122 页。
② 孔令杰:《领土争端成案研究》,社会科学文献出版社 2016 年版,第 265 页。
③ 任雯婧:《法国南沙群岛政策与"九小岛事件再研究"》,《中国边疆史地研究》2019 年第 3 期,第 198 页。
④ 高之国、贾兵兵:《论南海九段线的历史、地位和作用》,海洋出版社 2016 年版,第 36 页。

我国南沙群岛在自动归还之列。正以此为依据，中国政府于 1946 年在太平岛宣示了对南沙群岛的主权。二是虽然 1951 年《旧金山和约》没有邀请中国参加，但在第 2 条第 6 款规定了日本放弃南沙群岛中的南威岛及西沙群岛的一切权利。与之相比，1952 年我国台湾地区与日本签订的"中日双边和约"第 2 条明确规定："日本放弃对于台湾、澎湖列岛以及南沙群岛及西沙群岛的一切权益。"因此，从该条款来看，其明确提及了南沙群岛和西沙群岛，并要求日本放弃南沙群岛主权的对象为中国而非他国，这进一步说明了南沙群岛此前的权利状态并非无主之地，而是中国的领土。[①]

综上所述，除了历史证据外，国际条约也确认了南沙群岛的主权为中国所有。而且，从国际法院裁判领土争端的司法实践来看，有效的国际条约具有优先的证据效力，且具有决定性的作用。因此，在领土归属的问题上，国际条约具有更强的证明作用。二战后所确立的国际秩序主要针对国家领土问题，我国对南沙群岛享有领土主权的结论是明确的，但是由于海洋法确立的海洋新秩序以及丰富的海洋资源才产生了部分国家侵占南沙群岛岛礁，并提出主权要求的情形。在历史上，中国政府通过外交照会、地图发行、条约缔结等方式，对外充分展示了我国对南沙群岛的领土主权，并得到国际社会的广泛认可，具有国际法承认的证据效力。因此，从默认和禁止反言的角度，还可以进一步论证我国岛礁的主权合法性，并为其提供坚实的权利基础。

三、国际社会承认我国对南沙群岛岛礁的领土主权

南沙群岛岛礁自古就是中国的领土。我国对岛礁行使有效的行政管辖，无论是从国际社会交往中第三国对我国行使主权的态度来看，还是从国际法角度分析，都具有承认的法律效果。从国际法院裁判主权争端案件选择证据的倾向性来看，除了对条约证据、保持占有的法律依据以及有效控制证据之外，第三国对待争议领土的态度也具有一定的参考价值。[②]

中国对南沙群岛岛礁行使国家主权的活动具有连续性。在中华民国政府统治时期，面对其他国家对我国南沙群岛岛礁主权的侵犯，民国政府立即

---

① 张卫彬：《争议领土主权归属仲裁证据规则研究：基于证据分量视角分析中菲主权争端》，《太平洋学报》2015 年第 6 期，第 16 页。
② 张卫彬：《中国拥有南沙群岛主权证据链的构造》，《社会科学》2019 年第 9 期，第 87 页。

采取了有效的反制措施,以维护我国的领土主权,例如 1933 年应对法国殖民者的侵略,民国政府先是命令军方派遣军舰进行调查,后又成立全国水路地图调查委员会,审查全国各地出版的地图的刊印内容,并于 1935 年 4 月出版了《中国岛图》,其中对岛礁的名称、位置、分属的群岛名称进行了详细的列明。二战后,中国政府依据《开罗宣言》《波茨坦公告》等一系列国际条约,收复了 1939 年被日军侵略的南沙群岛,并于 1946 年派军驻守太平岛、重立碑石和进行鸣炮以宣示主权。此外,1947 年,内政部还召开关于岛礁问题的会议,确定对前往西沙群岛和南沙群岛的渔民由海军总司令部和广东省政府予以保护及提供运输通信等便利。① 在 1948 年内政部方域司出版的《中华民国行政区域图》中声明:处于十一段线范围内的南沙群岛属于中国领土。而对此行为,国际社会未提出任何异议,并在以后的国际交往中也未表示反对。②

多国出版的地图都明确标注南沙群岛岛礁属于中国。尽管通过地图标注的方式不能创设有效的主权权源,但是却关系其他国家对争议领土的权利状态的判断和肯定。③ 许多国外出版的地图也明确注明了南沙群岛属于中国,例如 1952 年日本出版的《东南亚图》、1954 年联邦德国出版的《世界大地图集》、1954—1967 年苏联出版的《世界地图集》、1960 年越南军方绘制的《世界地图》等。④ 中国政府在 1958 年 9 月 4 日发表的关于领海的声明中明确指出南沙群岛属于中国。此后,越南政府通过声明、出版物、外交照会等多种方式,承认我国对南沙群岛的领土主权。然而,随后越南政府背信弃义,从 1974 年 2 月开始非法侵占我国南沙群岛岛礁,并派军驻守、修筑大量构筑野战和永备工事,不断强化侵占南沙群岛岛礁的防御体系,⑤并提出了主权要求,显然这种行为违反国际法的禁止反言和非法使用武力原则。依据国际法的基本原则以及国际法院所适用的禁止反言证据排除规则,越南以武力非法侵占我国岛礁的行为不能取得领土主权。

① 江河、郑实:《争端和平解决的路径冲突及其化解:以国家主权的双重属性为框架》,《政法论丛》2017 年第 5 期,第 22—29 页。
② 杨翠柏:《南沙群岛主权法理研究》,商务印书馆 2015 年版,第 19 页。
③ 孔令杰:《领土争端成案研究》,社会科学文献出版社 2016 年版,第 320 页。
④ 张卫彬:《争端关键日期的确定》,《法商研究》2018 年第 6 期,第 133 页。
⑤ 马博:《审视岛礁建设法理性问题的三个国际法维度》,《法学评论》2015 年第 6 期,第 154 页。

中国对岛礁进行了有效的立法与行政管辖。自中华人民共和国成立以来，我国坚定维护在南海的领土主权和海洋权益。1958 年《中华人民共和国政府关于领海的声明》、1992 年《中华人民共和国领海及毗连区法》、1998 年《中华人民共和国专属经济区和大陆架法》、1996 年《中华人民共和国全国人民代表大会常务委员会关于批准〈联合国海洋法公约〉的决定》等，进一步确认了中国在南海的领土主权和海洋权益。[①] 1959 年我国在海南成立了"西沙、南沙、中沙群岛办事处"，1969 年改为"广东省西沙、中沙、南沙群岛革命委员会"，1979 年更名为"广东省西沙、南沙、中沙群岛工作委员会"；1981 年成立广东省西沙群岛、南沙群岛、中沙群岛办事处；1988 年中国政府将南沙群岛划归海南省西沙、南沙群岛、中沙群岛工作委员会管辖。同年，中国驻军南沙群岛中的永暑礁、华阳礁等 6 个岛礁，并开始派遣舰船在周围海域巡航。2012 年 6 月 21 日，我国民政部公告宣布，国务院正式批准撤销西沙群岛、南沙群岛、中沙群岛办事处，并建立地级三沙市，政府驻西沙永兴岛。2015 年，我国对南沙群岛的部分岛礁进行建设，并取得了一定的成就。

中国在南海的活动已有 2 000 多年历史。中国最早发现、命名和开发利用南海诸岛及相关海域，最早并持续、和平、有效地对南海诸岛及相关海域行使主权和管辖，确立了在南海的领土主权和相关权益。[②] 目前，南沙群岛的部分岛礁仍然被他国控制侵占，并在岛礁上大兴土木，但此行为缺乏合法的主权权利基础。依据国际法理论，他国单纯利用实际控制并不能确立有效的领土主权。2015 年后，岛礁建设成为新的争议焦点，我国岛礁建设的主权合法性面临挑战。

第三节　岛礁建设主权争端的应对策略

我国的岛礁建设增强了我国对南沙群岛部分岛礁的管控能力，为维护

[①] 《中华人民共和国政府关于在南海的领土主权和海洋权益的声明》，https://www.mfa.gov.cn/nanhai/chn/snhwtlcwj/t1380021.htm，最后访问日期：2020 年 3 月 2 日。

[②] 《中华人民共和国政府关于在南海的领土主权和海洋权益的声明》，https://www.mfa.gov.cn/nanhai/chn/snhwtlcwj/t1380021.htm，最后访问日期：2020 年 3 月 2 日。

我国海洋权益奠定了重要基础。岛礁能够作为国家领土的组成部分已成为国际法不争的事实,但是由于以《公约》为核心建立起来的近代海洋秩序,使得近代以来岛屿争端不断。在此过程中,岛礁建设成为争端新的内容,使岛屿争端向着复杂的方向发展。

一、明确争端与岛礁建设间的实际联系

随着人类社会的不断进步、科学技术的快速发展、人类利用海洋的范围和程度不断加深,海洋的战略价值受到越来越多的关注。此外,由于陆地资源的短缺,世界各国纷纷向海洋领域拓展新的发展空间。近年来,国际呈现紧张化和复杂化的局势,引起这一发展变化的原因主要是经济和法律的因素。经济上,由于南沙群岛及其附近海域蕴藏着丰富的油气资源,石油作为重要的能源资源具有极高的经济价值。法律上,《公约》生效后,由于在专属经济区等海洋法律制度方面存在诸多剩余权利,导致各国对海洋空间及资源的争夺日益激烈,国家间海上矛盾加剧,岛屿主权归属及海域划界争端剧增。

领土主权争端对我国岛礁建设造成了严重影响。20 世纪 80 年代,越南、菲律宾、马来西亚等开始在我国南沙群岛周边海域开采石油,也由此展开了对我国南沙岛礁的非法侵占,给我国造成了巨大的损失。同时,也使得局势进一步恶化,为争端解决增添了难度。目前,南沙群岛的大部分岛礁被周边国家侵占,这些国家对侵占的岛礁提出了领土主权要求。中国秉持"搁置争议共同开发"的基本原则,为避免矛盾激化,主张和平解决争端。

岛礁建设是争端引起的新发展。南沙群岛大约有 160 个"岛、礁、沙、滩等",其中约有 40 个符合《公约》第 121 条第 1 款对"岛屿"的界定,享有专属经济区等其他权益。但是事实上,有大约超过 60 个非"岛屿"地貌在进行人为的"结构性改造"(Structural Contracted),即周边国家偷偷地进行"人工建设"(Artificial Construction)。[1]《公约》缺乏关于主权活动作用与远洋岛礁所产生的国际法效果,以人工添附的方式进行岛礁建设后,主权国家因此所产生的国际法权利与义务还有待进一步明确。由于受到所处时代人类对

---

[1] James Crawford. *Brownlie's Principles of Public International Law*. Oxford University Press, 2012,p.215.

科学技术认识的局限，《公约》对于主权国家对远洋岛屿进行人工添附的问题没能给出明确的指引。

　　岛礁建设争端影响争端的有效解决。岛礁的主权争议是最直接的争议，周边各国不断从法理与实践两个层面挑战中国对岛礁的主权，一是通过国内立法、发表法律文件以及政治声明来确定岛礁归属的法律地位；二是单方面采取军事行动、强行非法侵占我国岛礁，维持实际控制的局面。[①] 目前，各国对侵占南沙群岛中部分岛礁实施了不同程度的人工建设，以作为其强化军事管控的重要手段。正因如此，一些国家对我国的岛礁建设采取否定态度，认为此行为是争端军事化的前奏。对此，我国多次声明，岛礁的目的在于改善驻岛军民的生活条件，所部署的军事设施只为满足防卫的正当需要，并不针对任何国家。

二、强化对争端核心问题的法理研究

　　第一，争端中关于岛屿、岩礁及群岛的概念统一影响我国岛礁建设的主权合法性。《公约》第 121 条规定，岛屿同陆地领土一样，可以主张拥有领海、毗连区、专属经济区以及大陆架，然而第 3 款又规定，无法维持人类居住或本身的经济生活的岩礁，不能主张专属经济区以及大架。《公约》规定了"群岛基线"以及"群岛水域"的概念，但群岛国在适用群岛基线确定管辖海域时，仍存在与《公约》规定相悖的国家实践。我国所享有的领土主权以及历史性权利与周边国家主张享有的海洋权利存在着冲突。因此，周边国家对我国岛礁建设采取对抗态度，抹黑我国岛礁建设，妄图以此动摇我国岛礁建设主权合法性的根基。

　　第二，应进一步明确断续线的实际内涵与国际法性质。断续线作为我国主张主权的基础，其性质、地位、作用还有待进一步明确。断续线的法律之争体现了国际法中领土主权和海洋权利的争端。我国在南海的活动有着悠久的历史，证明我国对岛礁的领土主权和海洋管辖权。国内学者通过大量研究，总结出关于断续线的几层含义：首先，证明我国对诸岛的领土主权；其次，证明我国对线内水域大陆架上的渔业、航行及非生物资源具有历

---

① 牟文富：《断续线与总体空间秩序》，《太平洋学报》2019 年第 11 期，第 26—38 页。

史性权利;最后,作为我国与周边国家划界准备的重要依据。[1] 这些研究成果为我国当前的岛礁建设奠定了理论基础和权利基础,但随着我国岛礁建设稳步推进,还需要进一步对我国"断续线"的相关国际法法理进行剖析与解读,让"断续线"的理论基础更加完善。

第三,加强我国对享有的历史权利内涵的解读。《公约》未能明确"历史性权利"以及"历史性水域"概念,而按照"陆地统治海洋"的原则,海洋区域的划分以领土主权的确定为基础。我国在开发、控制南沙群岛的历史和实践表明,我国对诸岛享有领土主权,对断续线内的海域享有历史性权利。岛礁建设则是我国行使国家领土主权的具体活动。我国基于岛礁的领土主权所能实施的支配权等同于对陆地领土的支配权。岛礁建设以海洋自然地物为基础扩大面积、建设与完善设施,对自然地物的影响小于建造人工岛屿、设施和结构。岛礁周围 12 海里内领海的法律地位高于《公约》第 56、60 条所规定的专属经济区。即使个别实施建设的海洋地物有可能被认定为低潮高地而不拥有领海,但其所在的"断续线"内水域拥有的历史性权利并不低于专属经济区海域的主权性权利。[2]

第四,深化我国南沙群岛基点基线适用问题的研究。我国作为海陆兼备的半闭海国家,拥有许多沿岸群岛和远洋群岛。沿岸群岛是指距离大陆海岸较近的、能够合理地认为属于构成大陆海岸外沿的部分群岛,而洋中群岛是指位于远离大陆海岸的大洋之中的群岛。[3]《公约》对群岛国的定义作出了明确规定,即全部由一个或多个群岛构成的国家,其可在《公约》的若干限定条件下划定"直线群岛基线",这种基线内的封闭水域称为群岛水域,而非内水。目前,我国利用直线基线确定了西沙群岛的领海基线,但是由于南沙群岛的复杂性和争端,尚未完成南沙群岛基线的公布。尽管大陆国家的洋中群岛适用《公约》关于群岛国的规定还存在着一定困难,但从大陆国家的洋中群岛划定直线基线的实践来看,该国际法实践较为广泛,符合国际海

---

① 高之国、贾兵兵:《论南海九段线的历史、地位和作用》,海洋出版社 2016 年版,第 48 页。

② 余敏友、张琪悦:《岛礁建设对维护我国主权与海洋权益的多重意义》,《边界与海洋研究》2019 年第 2 期,第 34—55 页。

③ Jens Evensen. Certain Legal Aspects Concerning the Delimitation of the Territorial Waters of Archipelagos Official Records of the United Nations Conference on the Law of the Sea. *United Nations*, Vol.1, 1958, pp.289-302.

洋法的发展趋势和前进方向，也具有更广阔的适用前景。

三、促进岛礁建设国际法规则推陈出新

《公约》作为时代的产物具有一定的局限性和滞后性，特别是在岛礁建设的议题上，当时的人们还无法想象，人类在《公约》通过的 30 年后，科技的发展助推人类具有了"移山倒海"的能力。《公约》对海洋中"陆地"的规定分为三种：陆地、岛屿、岩礁。从《公约》规定上看，对于岛屿、岩礁的定义还有待进一步明确。在低潮高地法律性质方面，《公约》第 13 条指出："低潮高地是在低潮时四面环水并高于水面但在高潮时没入水中的自然形成的陆地……如果低潮高地全部与大陆或岛屿的距离超过领海的宽度，则该高地没有自己的领海"。① 基于对《公约》中规定的理解，"低潮高地"并不被《公约》认定为岛屿或岩礁，其与岛屿只在自然形成要素方面具有同一性。《公约》确定"岛屿"是"四面环水并在高潮时高于水面的自然形成的陆地区域"。尽管《公约》多次提及"人工岛屿"，但是缺乏对人工岛屿的明确定义。从《公约》第 60、80 和 87 条可以总结出如下特点：沿岸国有在专属经济区和大陆架内建造、管理、操作和使用人工岛屿的权利，并可以设置 500 米的安全距离；人工岛屿不具有岛屿的地位；所有国家有在公海建造国际法所容许的人工岛屿和其他设施的自由。②

国家在岛屿认定问题上的国家实践与《公约》中的岛屿存在制度上的张力。③ 岛屿和岩礁界限的模糊性、岛屿和岩礁获得海洋权利的差异性是推动国家实施岛礁建设的重要原因。领土主权是国家存在的基础，主权国家通过国内法认定其本国的海上地物符合岛屿构成要求，符合维护国家权益的目的。《公约》对于"岛屿"与"礁石"法理地位的判定直接影响其衍生权益的可获得性，只有"岛屿"能够产生领海、毗邻区、专属经济区以及大陆架等，"礁石"等水下地物则不享有这一权益。因此，除岛礁主权争夺之外，"岛"与"礁"的性质判定成为"事实现状"下最关切的权益问题。《公约》对海洋中"陆地区域"的划分是以大小和构成属性来区分的，并分别赋予了相关权利

---

① 《联合国海洋法公约》第 13 条。
② 《联合国海洋法公约》第 121、60、80、87 条。
③ 牟文富：《断续线与总体空间秩序》，《太平洋学报》2019 年第 11 期，第 26—38 页。

与义务。然而,对于海洋中既有"自然形成"的陆地区域,又有"人工添附"的陆地区域的"混合岛礁"的权益,《公约》没有明确规定。人工添附与人工岛屿并非同一种法律制度,前者是行使国家主权的行为,而后者是行使海洋法中管辖权的体现,两者存在本质上的区别。

岛礁建设作为领土添附在海上地物的应用,需要确立主权合法性判定的国际法规则。岛礁建设与人工岛屿建设应当进行严格区分,二者需要考虑国家实施上述行为的权利基础与实际内容,而非实施的地点,但《公约》在此方面的规定是不充分的,导致二者的关系扑朔迷离。例如,中国对享有领土主权的岛礁进行的大规模岛礁建设是否违反《公约》的相关规定,在现有《公约》文本中无法得到体现。国际法学者邹克渊认为,对于建在永久岩石和珊瑚礁上的人工岛屿,不仅在《公约》中,而且在整个国际法的框架下都很难定义它的法律地位。[①] 由于制度的缺失,导致给《公约》争端解决带来了负面影响,故有国家假借对《公约》进行解释和使用的名义提起国际司法程序,实际解决领土主权争端。

科技发展是推动法律变革的重要因素,而《公约》的立法技术和立法水平仍然停留在 20 世纪 80 年代,科技的发展让作为"海洋宪章"的《公约》中的许多规定显得不合时宜。岛礁建设在世界范围内存在广泛的国家实践,为《公约》确立的新海洋秩序带来了新的挑战。中国的岛礁建设引起了许多国家的兴趣,它们希望得到中国在岛礁建设方面的技术支持与协助。例如以色列建议在加沙地带周边海域修建一座长约 4.5 公里的人工岛礁,包括机场、港口和海水淡化工厂等设施,并提出将考虑邀请中国方面参与该计划的投资和兴建。[②] 时至今日,气候变化引起海平面上升,人类生存的陆地空间逐渐被海洋侵蚀。为满足人类可持续发展的需求,"海上城市"的构想已经逐渐走进现实,岛礁建设也将进入一个新的历史时期,随之而来的相关法律问题将逐步显现。

岛礁建设的主权合法性判定标准能够有效应对部分国家对待岛礁建设

① 邹克渊:《岛礁建设对领土争端的影响:国际法上的挑战》,《亚太安全与海洋研究》2015 年第 5 期,第 19 页。
② 余敏友、张琪悦:《岛礁建设对维护我国主权与海洋权益的多重意义》,《边界与海洋研究》2019 年第 2 期,第 34—55 页。

议题的"双重标准"。部分国家企图通过制造"人工岛屿"陷阱，污化我国岛礁建设，并弱化岛礁建设主权合法性判定的基础性作用，但它们忽略了岛礁建设的权利来源并非由海洋法所赋予的，而是源于领土法的主权权利。我国对岛礁建设的主权合法性的判定，无论是在历史角度、有效行使国家主权方面，还是国际社会对我国岛礁主权的承认，都具有充分的国际法依据。我国的岛礁建设在主权合法性基础层面不存在任何瑕疵。岛礁建设主权合法性判定与岛礁建设行为和结果层面的合法性问题密切联系，我们在把握主权合法性的同时，还需要对岛礁建设的环境保护和航行权保障两方面做进一步的考察。

第三章
岛礁建设的国际法效力冲突与厘定

　　岛礁建设在国际法中可以评价为主权国家的领土改良利用活动,与是否符合领土的构成及面积因素无关,世界上存在许多面积不足 1 平方公里的岛屿,但是并不影响国家对它享有主权。科技的发展提升了人类拓展岛屿陆域空间的能力,但由于《公约》受到所处时代的局限性,没能充分预见当今岛礁建设活动。岛礁建设需要结合岛屿争端相关的因素进行具体的论证与判定。

第一节　岛礁建设对岛礁法律地位的改良效力

　　岛礁建设的改良效力是指主权国家能否通过岛礁建设活动,以达到改变所建岛礁法律地位的法律效果。岛礁建设应用于对国家领土主权下的岛屿、岩礁、低潮高地实施的人工建造活动。《公约》对不同海上地物(岛屿、岩礁、低潮高地)所享有的海洋权益作出了区别性规定。岛屿的认定关系国家的核心利益,因此,国家主权与《公约》的岛屿制度在岛屿认定问题上存在制度上的张力。

一、岛屿法律地位认定逻辑困境

　　岛屿界定方面的争端主要体现在对某个海上地物的认定问题上。一方面,《公约》对岛屿作出了明确规定,并进一步提出岩礁作为岛屿的特殊存在形式,即"不能维持人类居住"或"社会经济生活"的"岛屿"属于岩礁,不产生专属经济区和大陆架；另一方面，主权国家控制下的海上地物是否具备岛屿资格，该国主张依据其国内法规则进行认定，并非严格执行《公约》中岛屿的相关规定。为维护本国海洋权益，主权国家积极对外主张其控制下的岛屿、岩礁甚至水下地物具有岛屿的法律地位，同时，采用多种的人工建设活动以促成社会经济要素的成就。因此，造成岛屿法律地位认定的问题在于，传统国际法中以领土法理论为基础的国家领土主权与海洋法理论体系下岛屿制度的冲突。

（一）《公约》对岛屿制度的模糊化规定

《公约》中岛屿制度的规定一定程度上反映了习惯国际法。岛屿的定义出现在《公约》第八章第 121 条"岛屿制度"，通过三段简单表述，确定了岛屿的定义、法律效力及例外。[①] 根据第 121 条，可以将岛屿的构成分解为四个要件：需要四面环水；岛屿须自然形成；需在高潮时高于水面；岛屿为陆地区域。据此，需要从以下三个方面，对上述构成要件进一步说明。

第一，对"自然形成"存在不同的解释方法。依据自然形成的方式不同，岛屿分为大陆岛、海洋岛、火山岛、珊瑚岛和冲积岛；根据和大陆的距离可分为近岸岛屿和远洋岛屿；依据岛屿的数量和分布特点以及彼此间的距离又产生群岛的概念。

关于自然形成的问题，国际社会存在两种学说，期望通过对形成过程与成分材料的限制，排除人类活动对岛屿形成方面所产生的影响。[②] 其中，两要件论强调形成过程和成分材料的双重自然性；单要件论又分为材料要件论和过程要件论。材料要件论认为，使用珊瑚礁及砂石等自然材料填埋低潮高地，制造出高潮时也高于水面的陆地也满足自然形成的要件；过程要件论认为，采用自然材料制造的陆地区域不能作为新岛处理，即完全排除岛屿形成过程中人类活动的加入。[③] 然而，在 1805 年"安娜号"案中，法官威廉·斯科特对于密西西比河由陶瓷片、泥沙等物质冲积形成的小泥岛是否属于

---

① 《联合国海洋法公约》第 121 条。
② 张海文：《〈联合国海洋法公约〉释义集》，海洋出版社 2006 年版，第 225—226 页。
③ 金永明：《海洋法问题专论》（第一卷），海洋出版社 2011 年版，第 16 页。

岛屿的问题给出了肯定的裁判:"岛屿是由泥土或岩石组成的这一事实无关紧要。"[1]尽管1805年距离《公约》确立的岛屿制度年代十分久远,但以上表述依然具有一定的参考价值。

《公约》规定强制排除了人工岛屿,但没有明确人工岛屿的权利属性。《公约》考虑某一海上地物是否属于岛屿,成因的自然性是首要因素。自然形成的岛屿分为内力和外力两种地质作用,与其相对应的岛屿主要分为大陆型岛屿和远洋型岛屿。[2]《公约》中与人工岛屿一同反复出现的名词装置、结构、设施,以及在海洋环境保护与保全规定中出现的"平台"或"其他海上设施",从规定当中分析,人工岛屿和装置、结构、设施具有相似性。对此,法学家菲茨帕特里克认为,人工岛屿是人造的,四面环水、在涨潮时高于水面,是在一定时期内固定在海洋相同位置,具有固定操作模式的物体。[3]笔者认为此种定义方式是以岛屿制度为蓝本,严格依据自然形成的要求,并对比结构、设施等相关概念而得出的结论,对于判断岛屿认定中自然形成问题具有重要作用。

第二,关于"高潮标准"的确定存在多种国家实践。岛屿构成要件中"高潮时高于水面"中的"高潮"标准的确定,关系岛屿法律地位的认定。就通常情况而言,国际海事组织将潮汐位置分为6个级别。[4]其中,高潮水位分为5种:平均高潮位的最低点、平均高潮位、平均更高的高潮位、平均高潮位的大潮、最大天文潮位。除此之外,海平面上升以及极端天气造成的潮位变化也会对岛屿的潮位认定构成现实的阻碍。

由于主权国家基线公开义务缺乏强制力,导致高潮线的确定缺乏明确标准。沿海国公布通过在大比例尺海图上划定基线,公布其低潮线是否构成一种国际法义务,目前还有待商榷。尽管沿海国公开本国低潮线的功能还停留在沿海国家宣传它们的"正常"基线(潮线低)的作用上。但是,没有明确的标准要求主权国家以什么样的潮位标准确定其公布的低潮线。有学者认为,无论如何,"即使没有选定特别的低潮线或没有正式承认海图,一个

---

① ［英］马尔科姆·N.肖:《国际法》,白桂梅等译,北京大学出版社2011年版,第392—393页。
② 樊懿:《海洋法下的岛礁之辨》,武汉大学博士学位论文,2013年,第3页。
③ 吴蔚:《联合国海洋法公约中人工岛屿概念及其辨析》,《武汉理工大学学报(社会科学版)》2014年第3期,第45页。
④ 樊懿:《海洋法下的岛礁之辨》,武汉大学博士学位论文,2013年,第20页。

国家所主张的海洋区仍然存在"。①

第三，对于《公约》规定的"维持人类居住"或"本身的经济生活"存在多种解释。构成《公约》中所规定的岛屿，还需要满足"维持人类居住"或"本身的经济生活"的标准，否则，只能是一种特殊的岛屿，《公约》规定此类特殊的岛屿类型为"岩礁"。

关于岩礁的认定问题上一开始就存在两种不同的意见。以希腊、日本和法国为代表的部分国家认为，岛屿作为一种地理概念，所有的岛屿不论面积大小，均享有同样的海洋权利。另一部分国家主张"非洲十四国和罗马尼亚提案"，即非洲部分国家、罗马尼亚、马耳他等国认为，岛屿除满足其应有地理概念外，还应当依据其面积、岛屿上有常住人口、岛屿所处的地理位置以及能否维持经济生活等因素对岛屿进行分类。② 主权国家地理环境的多样性使各国在岛屿定义问题上很难达成一致，群岛国、领海内礁石分布较多的国家希望"岛礁同权理论"得到广泛支持；相反，内陆国、海岸线平直领海范围内岛屿较少的国家则希望限制岩礁的海洋权利。历经三次联合国海洋法会议激烈争论，《公约》在对这两种提案做出了让步和妥协的情况下，构建了岛屿制度。尽管岛屿制度得到了确立，但由岩礁的解释问题所引发的争端却一直存在。

关于"维持人类居住"或"本身的经济生活"条件的认定存在不同理解。依据《维也纳条约法公约》关于条约解释方法的规定，《公约》中"or"标志着两种限制条件满足其中一种情形即可成为具有全部海洋权利的岛屿。一方面，关于"维持人类居住"这一条件，《公约》没有详尽说明。各国对"维持人类居住"的解释不同。有学者认为，维持人类居住不需要考察是否有人类定居的事实，而需要判断其使得人类定居于此的能力，③例如，人类居住是否存在人数上的要求，是否有居住者职业身份的要求，是否需要提供当前社会发展条件下人类活动所涉及的相关基础设施，是否关系定居下来的时间

---

① R. Clive Symmons et al. Baseline Publicity and Charting Requirements: An Overlooked Issue in the UN Convention on the Law of the Sea. *Ocean Development and International Law*, Vol.41, No.77, 2010, p.80.
② 张海文：《〈联合国海洋法公约〉释义集》，海洋出版社 2006 年版，第 335 页。
③ 张正：《联合国海洋法公约与中国岛礁建设问题》，《学术探索》2016 年第 5 期，第 83 页。

等。① 另一方面,各国对于"本身经济生活"的含义存在不同理解。在联合国海洋法会议筹备文本对"经济生活"的要求是"或",但依据最终确定的结果,立法者对于"维持人类居住"或"本身经济生活"的要求是一种任意性规定,符合其中之一即可。② 关于"本身"狭义或是广义的理解都会导致在外部支持方面的不同。在"扬马延划界案"中,有国家代表主张,"本身经济生活不是必须要排除外界的支持,也不是必须针对永久公民的"。③ 还有学者认为,"本身"表明一国不得利用其他陆地的领土资源将虚假的经济生活引入某岩礁,这种经济生活必须自给自足,不能依赖外界的补给。④ 在岩礁上建造灯塔等航运辅助设施,以及建设气象站或电台设备等,是否能够满足赋予其经济生活的情况目前尚未明确,但有一点可以肯定,即如果一国为了实现岩礁符合支持本身经济生活的标准,依靠外界补给对岩礁进行人为的添附开发,显然是对《公约》的滥用。⑤

（二）国家主权在岛屿界定方面的局限性

人类离开陆地无法生存,领土是承载主权国家的基本要素。无论是岛屿或是岩礁都属于一国领土的组成部分。海上地物要取得岛屿的法律地位,需要满足《公约》第 121 条中岛屿的构成要件。然而,在国家实践方面,将某一海上地物认定为岛屿更多地表现为主权权利的一种确认。日本建造"冲之鸟"争端所表现出来的是在岛屿认定问题方面,国家主权与《公约》确立的海洋秩序之间存在的矛盾。通过归纳,岛屿界定方面的争端形成主要源于以下原因。

首先,关于高潮标准的选择尚未形成有效的国际惯例。岛屿构成要件中"高潮时高于水面"中的"高潮"标准的确定,关系岛屿的法律地位。在国

---

① 曲波:《岛屿争端的判定》,《社会科学辑刊》2015 年第 5 期,第 78 页。

② Jonathan I. Charney. Rocks That Cannot Sustain Human Habitation. *American Law Journal of International Law*,Vol.93,1999,p.868.

③ Barbara Kwiatkowska,Alfred H. A. Soons. Entitlement to Maritime Areas of Rocks Which Cannot Sustain Human Habitation or Economic Life of Their Own. *Netherlands Yearbook of International Law*,Vol. 21,No.162,1990,p.169.

④ Ronathan I. Charney. Rocks That Cannot Sustain Human Habitation. *American Law Journal of International Law*,Vol. 93,1999,p.863.

⑤ 樊懿:《海洋法下的岛礁之辨》,武汉大学博士学位论文,2013 年,第 20 页。

际司法实践中,关于高潮标准的确定尚无明确的结论。在"英法大陆架仲裁案"中,英国主张,高潮的标准是指平均大潮高潮水位,并指出多数国家在实践中皆采用此标准。[1] 然而,法国却认为,在区分低潮高地和岛屿问题上缺乏高潮标准的国家实践,习惯国际法也没有对各类高潮标准进行明确的界定,并指出包括法国在内的多数国家都认为高潮即指最高潮位,可理解为最高天文大潮。西蒙斯认为,仲裁庭最终默认了英国的主张,即高潮的标准是平均大潮高潮水位,而且这种主张作为《公约》起草的准备文件具有一定的价值。[2] 在国家实践方面,高潮潮位的确定方式尚未构成国际惯例。依据通说标准,潮汐基准面是确定高潮或低潮的参考标准。对于潮汐基准面的规定,根据国际水文组织等权威机构提供的国家实践信息,可以归纳出多个可供参考的潮汐基准面标准。在诸多的基准面标准中,国际水文组织建议会员国采用最低天文潮面作为正常的低潮基准,以此作为官方海图上标明的高潮基准。全球海洋环境的差异会影响各国在确定高潮基准面的选择,甚至存在一国采用多种标准确定低潮线的情况,例如德国在北海、东波罗的海和西波罗的海沿岸采用三种不同的潮汐基准面;美国的东西部海岸的潮汐基准面也采取了不同的规定。卡博尔和科尔认为,"行政和国内立法的限制"以及"潮汐现象在世界各地表现出的多样性"导致并不存在一个潮汐基准面以定义全球潮汐的情形。[3] 对待低潮线的问题各国实践迥异,无法形成一种确定的国际习惯。综上,低潮线的划定完全属于一国内部问题,主权国家选取对其最有利的潮汐基准面,以确定本国低潮线的划定结果,不受其他国家的干涉。

其次,科技的发展削弱了"自然形成"要件的制约。自然形成的岛屿首先是一个地理学范畴的问题。全球岛屿总数超过 5 万个,总面积为 997 万平方公里,占全球陆地面积的 1/15。在地理学领域,面积不足 1 平方公里的称为"屿",超过乃至面积更大的称为"岛"。然而,《公约》在界定岛屿法律

---

[1] Land and Maritime Boundary between Cameroon and Nigeria (Cameroon v. Nigeria; Equatorial Guinea intervening), *I.C.J. Reports*, 2002, pp.349 - 355.

[2] Clive Ralph Symmons. *The Maritime Zones of Islands in International Law*. Martinus Nijhoff Publishers, 1979, p.45.

[3] D.C.Kapooor and Adam J.Ker. *A guide to marine boundary delimitation*. Toronto; carswell, 1986, p.17.

地位时,排除了面积标准的适用,并设置了"维持人类居住"与"满足自身经济生活"的模糊性判定标准。科技进步提升了"造岛"能力,大型造陆工程将小型岛屿、岩礁通过人工助力扩大陆地面积,而后沿海国依据主权权利以此为基础划定基线。建立在自然形成基础上的人工助力对岛屿制度提出了新的挑战,引发了世界范围内的"造岛"热潮。

最后,人工岛屿制度在海洋法领域的抑制作用。人工岛屿的作用在于有效抑制主权国家利用人工方式"造岛",进而影响《公约》所确立的海洋秩序。《公约》中对人工岛屿的表述主要出现在专属经济区、大陆架、公海部分,而领海范围内的人工岛屿建设主要属于沿海国内部的事情,《公约》对此没有制定详尽的规则。主权国家利用岛礁建设保障地质构造脆弱的岛屿免受自然侵蚀,尽管人工设施满足高潮时高于水面的客观要求,但是只有其本身自然形成的陆地部分有权主张海洋权利。人工岛屿、设施和结构不具有岛屿地位,人工岛屿不是岛屿。在此问题上,笔者支持邹克渊教授的观点,认为人工岛屿在本质上属于一种海上工具,其目的可能是临时开发自然资源,或是永久的人工设施满足特殊目的,抑或是建造在永久岩石和珊瑚礁上的人造岛礁。[①] 但《公约》通过设置人工岛屿的屏障,抑制沿海国利用"造岛活动"无限制地扩展管辖海域范围。

二、两种法律制度下岛礁建设认定效力的理论冲突

传统国际法中的领土法律制度与《公约》为代表的海洋法律制度之间存在着效力上的冲突。尽管《公约》并不处理陆地包括岛礁的领土取得问题,然而并不影响其对岛礁判断的影响效力。岛礁位于海陆法律体系的过渡地带,具备海洋法、领土法的双重属性。也因此导致岛礁建设活动具有双重性,其认定效力会因依据的法律制度不同,产生迥异的认定结果。岛礁建设势必会对岛礁的权利基础认定带来冲击,然而《公约》中的岛屿制度非常模糊,学界对此也众说纷纭,因此,有必要深入研究两种法律制度下岛礁建设的真实效力,从应然角度揭示岛礁建设的具体含义。

[①] 邹克渊:《岛礁建设对我国领土争端的影响:国际法上的挑战》,《亚太安全与海洋研究》2015 年第 3 期,第 8 页。

（一）领土法制度下人工添附理论的效力分析

依据传统国际法理论,岛礁建设在影响岛礁的权利基础方面具有完全效力。添附作为国际习惯法中领土取得的方式之一,其效力源于国家主权。在人为添附方面,国家对海上地物实施的人工建设行为主要以领土法为基础。《奥本海国际法》对领土添附提出了限度要求,增加了"领海"范围的限制,并进一步指出："如果一个岛屿产生在领海内,它就添附于沿岸国的土地,而领海的范围就从该新生岛屿的海岸起算。"[①]

岛礁建设的重要作用在于改善岛屿的自然环境,提高岛礁的环境承载力,丰富岛礁居民的经济生活。法律关系基于事实的变化而发生变化。环境承载力的提升与社会经济水平的提高直接影响《公约》中的"维持人类居住"与"本身的经济生活"标准的关系,二者也是岛屿认定的重要标准。《公约》中岛屿制度的形成反映了习惯国际法的发展,没有人类居住不能单纯等同于"不能够维持人类居住",缺乏"社会经济生活"也可以通过后天条件的成就来获得。一旦条件成就,岩礁是否能够成为岛屿? 对此问题,学界存在不同的观点。一种观点认为人工建设行为应维持原有海上地物的法律地位,正如美国学者松斯所言,人工建设具有人工性质,并非真正意义上的"自然形成"。[②] 另一种观点则认为,当岛屿构成要件中的"自然属性"要素和"社会经济属性"要素成就时,岩礁就能够成为法律意义上的岛屿。[③]

依据岛礁建设维持原有海上地物法律地位的观点,不否认添附构成岛礁建设的有效权源,并同意主权国家利用岛礁建设诞生了新的领土主权,但作为岛礁建设作用的客体,即海上地物的法律地位是与岛礁建设效果相分离的。其根本原因在于岛屿定义中"自然形成"要素的解释问题。坚持该观点的学者认为,无论是人工助力或是人工建设,所形成的海上地物皆属于"非自然海上地物",人类的活动改变或加速了其形成陆地或陆地面积扩大

---

① ［德］萨拉·奥本海：《奥本海国际法》,詹宁斯、瓦茨修订,王铁崖译,中国大百科全书出版社 1998 年版,第 206 页。

② Barbara kwiatkowska and A.H.A. soons, Entitlement to Marine areas of Rocks Which Cannot Sustain Human Habitation or Economic Life of Their Own, *Netherlands yearbook of International Law*, Vol. 21, 1990, p.71.

③ 宋杰：《论"南海仲裁案"实体裁决中有关"岩礁"解释的语义起点、逻辑与理据问题》,《边界与海洋研究》2019 年第 4 期,第 95 页。

的进程,其法律地位还需要依据建设前的法律性质进行确认。①

依据岛礁建设解释为领土添附的观点,其对海上地物法律地位的影响具有部分效力。作为领土取得方式的添附仍然承认并且具有实际意义。国家对其享有领土主权的岛屿、岩礁进行建设活动,是建立在国家主权原则基础上的国家行为。领土主权中的管辖权赋予了主权国家在其享有主权的陆地和岛屿上进行经济建设、行政管理的权利,也同样允许其利用科技手段改善岛礁的自然环境,进行生态环境改善方面的建设。当海上地物认定为岛屿的所有要件成就时,该海上地物即取得岛屿的法律地位。相关的国家实践体现在日本对"冲之鸟"的建设问题上。

笔者认为,以上两种观点都颇具合理性,但是人工建设对海上地物法律地位的影响还需要进一步细化。法律事实的变化影响法律结果的认定。海上地物有水上地物和水下地物之分,海上地物所在的海域范围、海域性质不同,岛礁建设效力也会发生改变。

(二)海洋法制度下人工岛屿理论的效力分析

《公约》标志着现代海洋法秩序的形成,在涉及关键岛屿争端的海洋权益问题上,各国可谓是寸土必争。自第三次海洋法会议以后,由于岛屿制度的多方面原因和规定的模糊性,岛屿的认定问题变得更为复杂。《公约》中有关岛屿的定义反映了习惯国际法的发展,然而对于自然形成的海上地物进行人工建设的问题上,《公约》设置了人工岛屿制度,意图阻断人工建设对海上地物认定方面的效力作用,而对于人工岛屿理论的效力学界则存在不同的认识。

岛屿制度中明确提出自然形成的标准,从而排除了人工岛屿作为自然岛屿的可能。学者普遍认为《公约》明确规定岛屿需要以"自然形成"为基础,自然形成主要强调岛屿的形成方式,而不是构成的物质成分。当然,部分海上地物符合自然形成要素,但其地质地貌较为脆弱,例如由砂石堆积形成的沙洲,有可能因为结构脆弱不能满足"高潮时高于水面",从而失去岛屿的法律地位。若一国试图保住岛状地形的岛屿,通过人工建造设施来防止

① 叶泉:《论沿海国岛礁建设的边界、效应及中国的应对》,《环球法律评论》2017年第3期,第184页。

其受到海水侵蚀，尽管该人工设施能够满足高潮时高于水面的要素，但只有受保护的地形本身的自然形成部分才能够主张海洋权益。① 作为人工建设海上地物的成果，海洋法体系下被评价为人工岛屿，《公约》明确规定人工岛屿、结构设施不具有岛屿的法律地位。然而，《公约》作为时代的产物，深刻反映了当时主权国家建造人工岛屿的国家实践，随着时光的流逝，人工岛屿的内涵在不断发展。在人工岛屿认定方面的无效力理论面临重要挑战。

混合海上地物理论要求对人工岛屿制度在建设海上地物类型层面进行效力上的细分。"混合海上地物"或者"混合岛礁"是指以自然形成的海上地物为基础，进行人工建造后形成的人工与自然状态并存的混合状海上地物。② 美国学者 Root 认为，介于人工和自然之间的混合岛礁的性质是不明确的，《公约》对于岛礁的"自然形成"要素能否运用于混合岛礁的问题尚不明确。③ 邹克渊教授进一步指出，"混合岛礁"或"混合海上地物"的法律内涵具有双重指示性：一是人工建设与自然形成的混合因素；二是人工岛屿与自然岛屿的混合法律地位。在现行海洋法体系下，关于人工建设的海上地物是一种非黑即白的对立状态，没有设置一个有效的过渡区间。随着科技的进步，越来越多的人工因素将会应用于海上地物，这些因素为海上地物的认定增加了难度。经过人工建设的海上地物不应当然地落入人工岛屿范畴，正如松斯教授所言，人工建设后海上地物的法律地位应当以人工建设活动所依托的高地类型进行判断。④

"混合海上地物"的人工岛屿化效果构成对国际公平秩序的挑战。《公约》明确提出了对人工岛屿权利范围的限制，即只享有 500 米的安全区域。如果将能够主张广阔海洋权益的岛屿、岩礁认定为人工岛屿，其结果明显缺乏公平。就人工岛屿的建设范围而言，《公约》没有对不同海域范围内的人工岛屿建设作出专门性规定。在领海范围内的人工岛屿建设规定上，《公

---

① 樊懿：《海洋法下的岛礁之辨》，武汉大学博士学位论文，2013 年，第 3 页。
② 邹克渊：《岛礁建设对我国领土争端的影响：国际法上的挑战》，《亚太安全与海洋研究》2015 年第 3 期，第 8 页。
③ Joshua L. Root. Castle in the Sand: Engineering Insular to Gain Legal Rights Over Oceans. *Ocean Development and International Law*, Vol. 33, No.57, 2008, p.60.
④ Barbara kwiatkowska and A. H. A. soons. Entitlement to Marine Areas of Rocks Which Cannot Sustain Human Habitation or Economic Life of Their Own. *Netherlands yearbook of International Law*, Vol. 21, 1990, p.71.

约》并没有详细阐述。然而有学者认为,领海处于沿海国完全控制之下,领海范围内的人工岛屿建设属于一国国内法调整的问题,《公约》不便过度干涉。[①] 然而,《公约》在制定之初,忽略了领土法中添附在岛屿认定方面的影响,这就为后来岛屿认定争端的产生埋下了隐患。

三、岛礁建设的岛屿法律地位改良效力的法理选择

近年来,我国对管控下的岛礁进行了"陆域吹填"建设,在远离我国大陆的岛礁上"吹沙填海"以扩张岛礁陆域面积,修建机场、码头、学校、医院等功能性设施,改善了岛礁生存条件。以上行为引发了国际社会的关注。一些国家别有用心,将我国的岛礁建设活动评价为人工岛屿建设,企图否定我国长期以来形成的历史性权利。我国对岛礁的建设属于主权活动,是我国主权范围内的事。我国对诸岛享有无可争辩的领土主权,我国对诸岛领土主权的确立源于历史性权利和国际条约的规定,并非通过岛礁而来,中国不需要也没必要利用岛礁建设方式获得诸岛的领土主权。我国岛礁建设不影响海上地物的法律地位。我国以上主张具有充分的国际法理依据。

（一）坚持岛礁建设以领土主权为基础

人类在利用自然的范畴不断深入,开发利用资源的范围不断扩展,这是社会发展的趋势。在世界空间资源分配方面的作用是国际法的一项重要功能。岛礁建设在影响岛屿认定层面的效力存在众多的国际法理论流派的解释。尽管不同的理论之间存在相互矛盾的状态,但其宗旨皆在于维护国际法律秩序的公正。

依据国家主权原则,一国有权对其领土主权下的岛屿、岩礁、低潮高地实施建设活动。国家主权具有对内和对外的双重属性,让·博丹将主权对内属性解释为:"不受法律约束的、对公民和臣民进行统治的最高权力"。[②] 领土作为国家主权支配下的地球表面的特定部分,是国家主权行使的对象和权利范围。领土管辖权作为领土主权的重要组成部分,外在表现为主权

---

① 杨显滨:《海上人工岛屿的国际法规制》,《社会科学》2017 年第 6 期,第 106 页。
② ［法］让·博丹:《主权论》,李卫海、钱俊文译,北京大学出版社 2008 年版,第 125 页。

国家依据国家意志，开发本国领土、发展经济、实施管理。依据国家主权理论，当某一海上地物符合一国的领土构成时，主权国家有权对其进行人为建设活动。

片面强调人工添附的结果效力不利于国际海洋秩序的稳定。添附是主权国家扩展领土主权范围的合法方式，但上述论断建立在领土法的基础之上。岛屿、岩礁以及领海内的低潮高地同样受到以《公约》为代表的海洋法律制度的约束。有学者认为，《公约》中人工岛屿制度的提出其目的在于限制人工添附在改变海上地物法律地位方面的作用。① 日本为改变"冲之鸟"的岩礁地位，对其展开了一系列的建设活动。经过一系列的工程建设和管理体制的完善，日本在 2008 年向联合国大陆架界限委员会提出了包含"冲之鸟"在内的太平洋南部及东部海域的 200 海里外大陆架申请。② 对此行为，中国、韩国等一致反对，并遭到了大陆架委员会的驳回。上述结果表明，国际海洋法对人工建设在改变海上地物法律地位问题上的限制性态度。我国多次阐明岛礁建设的立场，我国在部分驻守岛礁进行必要建设，目的是改善驻守人员的工作和生活条件，为经过有关海域的船舶提供更好的国际公益服务，同时部署必要的国土防卫设施，以更好保卫自己的领土。③

（二）我国岛礁建设以南沙群岛的整体性为前提

我国岛礁建设与问题紧密联系，岛礁建设争端是近年来争端的最新表现。地区岛礁以及海上地物的法律属性的悬而未决是造成争端的重要因素。④ 尽管有学者认为，争端的解决以确定单个海上地物的法律地位为基础，但国际法学界对此看法不一。⑤ 有学者主张岛、洲、礁、沙、滩组成一个

---

① G. Alex Elferink. Artificial Islands, Installations and Structures. *Max Planck Encyclopedia of Public International Law*, 2008, p.116.

② Daniel Andreeff. Legal Implications of China's Land Reclamation Projects in the Spratly Islands. *New York University International Law Journal*, Vol. 47, No. 866, 2015, pp.865 – 866.

③ 中新网：《外交部就叙利亚局势、中国岛礁建设等答问》，http://www.chinanews.com/gn/2017/04 - 07/8193857.shtml，最后访问日期：2020 年 3 月 22 日。

④ 王勇：《中国在南海地区构建远洋群岛法律制度析论》，《政治与法律》2016 年第 2 期，第 110 页。

⑤ Stein Tonnesson. Introduction: Ocean Diplomacy and Pro-Activity in the South China Sea. *Contemporary Southeast Asia*, Vol. 20, 1998, p.179.

有机的整体,其法律地位以及产生的海洋权利应以整体的性质确定,而非将其化整为零进行单独认定。笔者支持后者的观点,以此为基础,能够有效地解释岛礁建设对海上地物法律地位认定方面的作用。①

我国南沙群岛满足群岛的"地理、经济和政治实体"要件。在地理方面,科学探测表明,南沙群岛及其附近海域属于年轻的新生代盆地,其发育特点与越南所在的中南半岛上的中生代沉积盆地的特点明显不同。进一步而言,群岛由一系列的岛、洲、礁、沙、滩构成,它们彼此环绕,地形之间的水域相互联系,内部形成潟湖,从地理方面以及历史角度来看均构成不可分割的整体,以致这种岛屿、水域和其他自然地形在本质上构成了一个地理上的实体。在政治方面,中国自元朝开始将诸岛纳入中国版图,并行使了行政管辖,在命名方式上体现了对诸岛的一体化管辖。② 近代中国对群岛的经济开发与行政管辖从未中断,1959 年中国设立了西沙群岛、南沙群岛、中沙群岛办事处,2012 年成立三沙市。学者傅崐成认为,"地区的岛礁在本质上构成地理、经济和政治实体,或在历史发展过程中视为这种实体。"③鉴于以上事实,我国岛礁建设是针对部分岛礁的建设活动,不影响整体的性质确定,同时,作为组成整体的个体,其性质由整体决定。我国依据在断续线内的历史性权利对南海诸岛享有主权,岛礁建设以主权为基础并以岛礁的整体性主张海洋权益,针对部分南海岛礁的建设不存在改变岛礁法律地位的主观目的。

第二节　岛礁建设在岛屿主权争端中的证明效力

岛屿主权争端主要是因为国家间关于岛屿主权归属而产生的法律上或事实上的分歧或对立。国际法赋予主权国家利用本国领土的权利,而此权利同样适用于构成一国领土的岛屿、岩礁。一方面,岛礁建设是主权国家实

① 郭中元、邹立刚:《泽中群岛划定直线基线问题研究》,《河北法学》2019 年第 9 期,第 137 页。
② 黄瑶、黄靖文:《对美国国务院报告质疑中国断续线的评析与辩驳》,《国际法研究》2015 年第 3 期,第 17 页。
③ 《海洋法的相关公约及中英文索引》,傅崐成编校,厦门大学出版社 2005 年版,第 16 页。

施的领土建设与改良活动，充分体现主权国家对岛礁的领土主权要求。另一方面，在国际司法实践中，主权活动体现主权国家对争议领土的有效控制，但这并不是判定领土主权归属的唯一证据，还要结合其他国际法原则进行认定。岛礁建设作为主权活动，需要依据主权活动的证明作用予以进一步明确。

一、岛礁建设岛屿主权争端的证据表现

在岛屿争端中，主权国家针对争议岛礁所实施的部分活动具有证明主权归属的作用。所以，在岛屿主权争端案中，主权国家对争议岛礁实施的行政、立法、司法行为是国际法院判定岛屿主权归属的重要依据。结合岛礁建设议题，尽管国际法院没有明确岛礁建设的概念，但是，在岛屿争端案中，主权国家对争议岛屿实施的设施建设、环境改良、资源利用活动可被视为一国的主权活动。所以，岛礁建设在证明岛屿主权归属问题上，需要结合主权活动的相关证明规则加以确定。

（一）岛礁建设作为代表一国政府的行为

国际法赋予主权国家合理利用本国领土的权利。国家对自然资源的永久主权是国家主权不可分割的组成部分，是一国固有的、不可剥夺的权利。[①] 无论是作为具有国家因素的、行使国家权力的一国政府，还是为该国国内法所承认或授权的具有国家性质的团体或个人，所实施的一系列领土利用活动，都呈现出国家权威性的特点。

岛礁建设中填海造陆、修建码头、港口等工程建设，需要严格依据国内法的规定，进行规划、施工、建设。而在具体的实施过程中，地方政府、个人都需要遵守国内法的规定，并且在国际司法实践中形成确信。在新加坡与马来西亚白礁、中岩礁和南礁主权争端案中，海牙国际法庭注意到，新加坡对白礁的围海造田计划等属于主权活动，通过对当事方行为的判断，最后认定至 1980 年白礁主权已经转移至新加坡；[②] 在"卡塔尔诉巴林海洋划界和领土争端案"中，巴林对哈瓦尔群岛所实施的军事防御实施建造与维护活动也

---

① 曲波：《国际法院解决岛屿主权争端适用的法律原则》，《法学杂志》2011 年第 2 期，第 80 页。
② 吴士存：《国际海洋法最新案例精选》，中国民主法制出版社 2016 年版，第 76 页。

得到了国际法院的认可。① 在以上行为的背后体现的是国家作为主体的积极参与。

（二）岛礁建设体现行使主权的意图

所谓"具备主权行使的意图"，是指主权国家在进行立法、行政、司法等活动时，对争议领土具有的行使和展示主权的目的。在岛屿主权争端案中，主权活动在判断岛屿主权归属问题上具有重要证明作用。主权活动的特点在于，主权国家所实施的行为具有行使主权的意图。岛礁建设需要体现主权国家占领、管理领土的主观意愿。由于早期原始权源的取得模式为先占无主地和有效占领，例如开垦土地、建造房屋、开辟码头等，这就体现了主权国家对领土的利用，在早期可以被认为是占领意图的体现。胡伯在 1928 年的"帕尔马斯岛仲裁案"中指出，发现并未创造确定的主权权利，其仅构成一项"初步权利"，需要结合对发现地区的有效占领才能转变为完全的权利。② 行为作为主观意图的外在表现，显得更为重要，由于主权国家在实施岛礁建设过程中包含主张或巩固领土主权的目的，因此，岛礁建设能够体现主权国家对特定领土主张主权的主观意愿。

（三）岛礁建设是行使领土主权的实质行为

岛礁建设是否能够成为一种主权行为，需要证明该行为是属于行使国家职能的一种行为，且该行为是国际法和国内法所允许的行为。尽管国际法没有明确规定岛礁建设活动的具体含义，但可以借助国际司法案例进行类比分析。在"卡塔尔诉巴林海洋划界和领土争端案"中，巴林指出："1996年，巴林在岛上设立了野生动物保护区；巴林海岸警备队定期在哈瓦尔群岛上巡逻；在哈瓦尔群岛上驻军，并自 1931 年起在岛上维护完整的军事防御设施；在哈瓦尔群岛建设和维护道路；维护淡水生产设备，包括海水淡化厂；建设和维护电力基础设施。"③最终，法院认定巴林拥有哈瓦尔群岛的主权。

---

① Marine delimitation and territory questions between Qatar and Bahrain. *Judgment I.C.J. Reports*，2001，pp.71 - 72.

② D.J. Harris. *Casesand Materialson International Law*. Sweet & Maxwell，2004，pp.188 - 191.

③ I.C.J. marine delimition and territory questions between Qatar and Bahrain. *I.C.J*，2001.

尽管国际法院没有将巴林实施的一系列活动定义为岛礁建设，但是从行为表现上看，其中许多行为可以评价为岛礁建设，在本质上是具有主权性质的国家行为，并且目的是巩固国家主权和开发利用岛屿资源。该案还进一步指出，灯、浮标的建设和设置行为无法推断出一国在行使领土主权，其原因在于无法确定是否与行使国家职能有关。

综上所述，岛礁建设作为主权国家依据本国国内法对其领土主权控制下的岛礁实施的一系列改良和利用活动，具有行使领土主权的国际法效果，所以，符合国际法关于主权活动的构成。主权国家在岛礁建设中处于主导地位源于主权所赋予的权利，而开发建设本国的领土本身可以认定为一种主权权利的展示。在岛屿主权争端案中，主权活动的内涵十分丰富，其中针对争议岛礁的司法活动、开发活动、管理活动等能够评价为展示主权的行为表现，若岛礁建设过程中涉及以上活动的内容，在争端中其证明作用和规则应当与主权活动保持一致。

二、岛礁建设岛屿主权争端的证明效果

随着科技的发展，主权活动所映射出的外在表现也日益增加。岛礁建设的重要目的在于加强主权国家对特殊地理位置的领土进行更为有效的管辖，防止主权权利随时间的推移而弱化。在岛屿主权争端中，主权国家实施的部分活动具有宣示主权的性质。在岛屿争端成案中，主权国家的主权活动对判断岛屿主权归属有着重要作用。尽管岛屿争端案中未明确岛礁建设活动的具体含义，但是通过前文的分析能够证明岛礁建设属于主权活动，因此，其证明作用应当与主权活动的证明效果一致，其在证明有效占领、有效控制和权源转移方面具有一定的证明效力。

（一）有效占领中岛礁建设的证明作用

正如"帕尔马斯岛案"中所言："主权的确立是在国家控制演变过程中逐渐产生的结果。"[1]这种以国家意识展开的占领通常被认为应当是和平的、实际的、充分的和持续的。只有考察主权国家对争议岛礁进行有效占领的

---

① 黄瑶、凌嘉铭：《从国际司法裁决看有效控制规则的适用：兼论南沙群岛主权归属》，《中山大学学报（社会科学版）》2011年第4期，第169—180页。

过程,岛礁建设的证据资格才能予以认定。

第一,岛礁建设构成强化其有效占领的直接外在证据表现。岛礁建设从外在表现来看是一国持续、和平、公开行使国家主权的一项活动。有效占领原则以先占为前提,通过判断主权国家对该争议领土的实际管理行为,确认主权归属。所以,有效占有要求主权国家对争议岛礁行使一定的管理行为,并对持续时间有要求,但在面对特殊地理位置的岛屿问题上,由于地处偏远或不适宜人类居住,展示主权的管理行为的内容可能会根据主权国家权利行使的难易程度而降低要求,只要国家的管理行为具有宣示或行使主权的性质就满足"充分"要求。① 岛礁建设旨在满足主权国家对岛礁进行利用的特殊目的,例如开发岛礁的社会经济价值、发挥可以作为基点的岛礁在海洋划界方面的作用等都体现了对岛礁的管理。

第二,岛礁建设满足有效占领原则所要求的权威性。如前文所述,对领土的利用和改良直接体现国家权力的行使。岛礁建设作为领土的改良和利用活动,针对争议岛礁的建设行为,这种权威性体现为代表一国政府意见或依据国家意愿所做出的国家行为。在"尼加拉瓜诉洪都拉斯领土争端案"中,国际法院对有效占领的判定过程体现了对权威性的要求,例如在认定洪都拉斯提出的"有效占领"的证据中,关于渔民在争议岛屿上修建房屋的行为不能认定为有效占领,因为这不是基于政府意见的行为。② 法院所关注的是有效占领管理行为的权威性要素,展示行为必须是国家或依据国家意愿所做出的国家行为。与上述案例不同,岛礁建设是国家主体实施的领土改良与利用活动,涉及领土主权范围的变更,能够体现国家对新增加的领土主权要求。

(二) 有效控制中岛礁建设的证明作用

在岛屿主权争端中,在无法判定岛屿主权的最初归属状态的前提下,通过判断哪一方实施了较为有效的管理行为而进行衡量,以此判定争议岛屿的主权归属是国际司法中有效控制原则所发挥的重要作用。在有效控制原则之下,一国的岛礁建设行为能否被认定为一种有效控制的行为,需要结合

---

① D.J. Harris. *Cases and materialson international law*. Sweet and Maxwell, 2004, pp.169 - 180.
② 吴士存:《国际海洋法最新案例精选》,中国民主法制出版社 2016 年版,第 76 页。

两个方面的具体规定进行审视。

第一，岛礁建设主观上具备作为主权者而实施行为的意图。土地作为国家所必要的构成条件，离不开国家主导的主权行为。周鲠生指出："国家之存在，必有人民所依以聚居之一定的地域。迁徙无常的游牧种人，不能构成国家。"①这种领土扩展的权利是国家主权的一种内在权利，在国际法和国内法渊源上都有所体现。国际法承认不损害他国利益的人为添附。② 岛礁建设即可通过添附扩大国家领土主权范围，通过人工添附，原有的领土与添附形成的领土形成附合，扩大本国领土面积。典型的人为添附包括围海造陆、围堰筑堤等，在不影响其他国家权利的情况下，是符合国际法规定的。此外主权国家为防止海岸侵蚀、应对海平面上升对其领土所带来的影响，采用岛礁建设手段保护领土物理特性，具有正当性。主权国家进行岛礁建设具有明确利用领土的意愿，就领土取得的角度而言，通过岛礁建设获得了新的领土主权，领土面积的增加导致国家管辖范围的扩大，而产生新领土时，国家已经将占有的领土视为本国领土的一部分具有充分的主观占有意图。通过岛礁建设行为，主权国家对所建岛礁的主权展示以及领土主张不言自明。

第二，岛礁建设客观上表现为一种有效管理行为的集合。首先，管理行为需要由国家或代表一国政府的代理人实施。从岛礁建设的内容来看，岛礁建设是一系列领土开发利用活动的统称，包括围海造陆、永久性海港工程的建设、岛上设施的完善与修葺等。岛礁建设的专业性与艰巨性要求主权国家具有较高的经济实力和技术能力，以完成这项浩大的建设工程。其次，要求主权国家持续不间断地充分行使管理行为。岛礁建设的行为标的是地处边远的岛礁，主权国家依据其国内法对其进行和平且持续的有效建设以及管理活动。例如在"卡塔尔诉巴林海洋划界和领土争端案"中，国际法院认为巴林在哈瓦尔群岛实施的建设活动能够体现出巴林的领土主权要求以及有效管理，由此认定巴林拥有对哈瓦尔群岛的主权。③

---

① 周鲠生：《国际法》，武汉大学出版社 2009 年版，第 37 页。
② 赵建文：《国际法新论》，法律出版社 2000 年版，第 286 页。
③ I.C.J. Marine delimitation and territory questions between Qatar and Bahrain. *I. C. J*, 2001.

（三）岛礁建设在权源转移方面的证明作用

"权源"这个术语是指作为法律权利的起因或基础的任何行为、事实或情势。合法的权源可能因一国的岛礁建设活动所取代而发生权源的转移。权源转移发生在领土争端中，涉及先占和时效两种领土取得问题。

第一，岛礁建设结合领土取得方式中的取得时效制度，具有排除"初步权利"的作用。一国通过先占取得了"初步权利"，但此后没有通过有效的主权行为加以巩固，在此期间另一国对该领土实施了大量的主权活动，并默认该国的主权要求，从而导致权源的转移。尽管在上述情形下，法律考虑的并非时效在权源转移方面的作用，而是默许的效力。在实践中，时效依然是一种有效的领土取得方式，但应受到其规则的严格限制，其占领行为必须不受到干扰，并且占领方式为整个国际社会所接受，最后还需假以时日，以判断默许是否存在。① 如果一国期望通过时效取得领土主权，岛礁建设则可以构成行使主权活动方面的证据，但由于时效规则适用条件的严苛，岛礁建设证明效果会受到占领方式、整体国际社会的态度、默许状况的限制。

第二，岛礁建设构成相互竞争的权源中证明主权活动的证据。在岛屿主权争端中，同一岛屿可能产生两个相互竞争的权源。在认定岛屿主权归属问题上，国际法院通过判断哪一方对争议岛屿行使了更多、更为有效的主权活动，以此判定岛屿主权的归属。具体而言，主权国家证明其实施更为有效的主权活动时，必然会使用有利的证据以支持其主权主张。进一步而言，种类丰富、行为多样的主权活动，能够为主权国家在争端解决的过程中提供一定的比较优势。国家对其主张享有领土主权的岛礁，只有持续并且通过多种方式实施行政管辖才能在主权争端中获得承认。

如前文所述，岛礁建设是主权活动的体现，一国可以通过主张其实施包含岛礁建设活动在内的主权活动，以证明其对争议领土实施和平、持续、有效的管理行为。与此同时，另一国对以上行为未及时反对，而是容忍或默认该行为，依据国际司法实践，可能将产生权源转移的法律效果。但是，以上原则在岛屿主权争端判定问题上的应用并非绝对的，还受到有效权源、关键日期、禁止反言原则和不法行为不产生利益原则的影响。

① 曲波：《岛屿争端的判定》，《社会科学辑刊》2015 年第 5 期，第 275 页。

三、岛礁建设证据能力的规则限制

岛礁建设在领土争端案中具有证明主权归属的作用，其根本原因在于岛礁建设属于主权活动的范畴。在领土争端案中，主权活动是判定主权归属的重要因素，但并非唯一，还要受到其他因素的限制，并且部分活动会阻却主权活动的证明作用。同理，岛礁建设的证明作用也会受到来自以下几个方面的制约。

（一）合法的有效权源排除岛礁建设的证明作用

在领土争端中，有效的权源具有排除他国占有的作用。而条约在证明有效权源方面具有极大的优势。当既有权源和有效控制之间存在冲突时，既有权源优先。[①] 在"喀麦隆和尼日利亚间陆地和海洋疆界案"中，争端地区由尼日利亚实际占领且经过了长时间的管理，但是国际法院认可了喀麦隆提出的、由原宗主国在殖民地时代签订的划界条约，认为两国之间的边界已经通过条约确定，故否定了尼日利亚的有效控制主张。在岛屿主权争端中，由于部分岛礁远离本土，享有主权的国家未对其进行足够的重视，导致该部分领土为他国侵占并对其进行建造，但"无人居住的岛屿"并不等同于"无主地"。领土主权通常是依据条约确立的，除此之外，若一国能够提出合法有效的证据，证明其已经通过先占、添附等方式取得领土主权，则被视为享有原始权利，成为合法所有者，从而起到排除他国通过"有效控制"取得主权的作用。[②] 因此，即使一国通过实施包含岛礁建设在内的一系列活动，并以有效控制原则为依据，主张其享有岛礁主权时，也会受到条约确定的有效权源的限制。

通过对比争端国家对争议领土的态度和管理行为，判定有效权源是否存在。主权代表一国对其领土享有的一系列法律权能，而它是权源的产物。权源的本质在于判断哪一国家才是争议领土的所有者。在领土争端中，权源既可以是完整的，也可以是不完整的。在实践中表现为一种领土占有和

---

① Frontier Dispute (Burkina Faso/Republic of Mali). *Judgment I.C.J. Reports*, 1986, pp.586 - 587.
② 黄瑶、凌嘉铭：《从国际司法裁决看有效控制规则的适用：兼论南沙群岛主权归属》，《中山大学学报（社会科学版）》2011年第4期，第51页。

控制,某一国家所具有的优先和排他性权利:优先因而排除他国提出的领土主权主张,并构成法律上有效的所有权基础。① 在"曼基埃岛和艾克荷斯群岛案"中,法院认定艾克荷斯群岛 13 世纪时作为英国群岛封地的一部分,在 14 世纪时处于英王管辖之下,19 和 20 世纪英国当局对其行使行政职能;相较于英国而言,法国政府没有提供充分的证据证明它对该岛享有有效的权源。②

（二）岛礁建设的证明作用需要结合国际法上的关键日期

有效控制规则的适用需要结合关键日期进行具体认定。一般而言,关键日期是指争端各方的权利明朗化,各方之后的行为不会改变其法律地位的日期。③ 关键日期的作用在于区分主权行为,对于发生在关键日期后的主权活动,国际法院认为对于确定争议领土的主权毫无意义。④

在关键日期确定后,争端一方实施的岛礁建设活动,不能作为其证明有效控制的证据使用。关键日期能够有效防止局势进一步恶化,防止因嗣后原因恶意加强"有效控制"。岛礁建设作为证明主权活动的有力证据,如果争端一方的岛礁建设在争端明确化后实施,则该行为在判定争议领土在归属方面的证明作用会被忽视,除非该行为是关键日期前行为的延续。例如"尼加拉瓜诉洪都拉斯领土争端与海洋划界案"中,法院认为 2001 年为领土争端的关键日期,原因在于 2001 年尼加拉瓜才明确提出,保留它在争议地区主张的所有岛礁的主权权利。⑤ 以此为分界线,进一步考察双方的行为后发现,洪都拉斯于 1975 年授权联合石油公司在伯贝礁上实施的公共工程建设活动,构成有效控制的证据,法庭据此支持洪都拉斯对这些岛礁拥有主权。

（三）默认与禁反言对岛礁建设证明效力的影响

英国教授马尔科姆·N.肖认为:"禁止反言是一国就某些事务向另一个

---

① Case concerning land. Island and maritime frontier dispute (EL Salvador v. Honduras; Nicaragua intervening), *Judgment. I.C.J. Reports*, 1992, p.368.
② 孔令杰:《领土争端成案研究》,社会科学文献出版社 2016 年版,第 226 页。
③ I.C.J. Case concerning sovereignty over Pulau Ligitan and Pulau Sipadan (Indonesia v. Malaysia). *Judgment*, *I.C.J. Reports*, 2002, p.37.
④ 贾兵兵:《国际公法:和平时期的解释与适用》,清华大学出版社 2015 年版,第 267 页。
⑤ 吴士存:《国际海洋法最新案例精选》,中国民主法制出版社 2016 年版,第 79 页。

国家表示同意后，不能在日后改变其立场的一种法律技术。"①在"东格陵兰岛法律地位案"中，法院通过考察当事国的态度，进而分析它们是否构成承认、禁止反言及对东格陵兰岛法律地位的影响。② 在"白礁岛、中岩礁和南岩礁主权归属案"中，由于新加坡长期的有效控制，加之柔佛王国认为自己不享有主权的表态，国际法院便将白礁岛主权判给新加坡。③

岛礁建设作为主权活动的一种表现，同样涉及当事国的态度问题。在一国长期平和地对争议岛礁进行建设后，争议领土的主权可依据有效控制原则，发生领土主权的转移。相反，一国虽然对争议岛礁持续地进行以宣示主权为目的建设活动，但由于第三国的持续反对，会削弱其主权活动的证明效力。正如"白礁岛、中岩礁和南岩礁主权归属案"中，新加坡对白礁岛实施了一系列的工程建设活动，而且在 1953 年新加坡询问柔佛政府有关白礁岛主权时，柔佛政府回信称："柔佛政府并未主张白礁岛的所有权"。此回复已经明确承认其不享有白礁岛的主权，国际法院以此为据判定新加坡享有白礁岛的主权。可想而知，在一国已经明确承认过对争议领土不享有主权后，之后其实施的占领和主权活动同样不具有转移主权的法律效果。④

（四）不法行为不产生利益原则

不法行为不产生利益原则又称"任何人不得通过非法行为获利原则"，属于基本法律原则，该原则构成习惯国际法，是国际社会普遍遵循的一项原则。⑤ 同时，在国际法上，侵略行为同样被认定为一种严重违反国际法的行为。在岛礁建设议题下，一国的岛礁建设也有合法与非法之分。一国通过使用武力或以武力相威胁的方式，侵占他国岛礁，并以掠夺岛礁及周边的海洋资源为目的所进行的建设，不应认定为合法的行为，而是不法侵占行为的一种继续，而对于此种岛礁建设行为，笔者将其定义为一种掠夺性的岛礁建设行为。依据不法行为不产生利益原则，侵占他国岛礁进行建设活动，岛礁

① Shaw M. N. *International Law*. Cambridge University Press，2008，p.517.
② 曲波：《禁反言在国际法中的适用：以领土争端案为例》，《法学杂志》2014 年第 8 期，第 16—25 页。
③ 吴士存：《国际海洋法最新案例精选》，中国民主法制出版社 2016 年版，第 62 页。
④ 黄瑶、凌嘉铭：《从国际司法裁决看有效控制规则的适用：兼论南沙群岛主权归属》，《中山大学学报（社会科学版）》2015 年第 4 期，第 78 页。
⑤ 贺其志：《国家责任法及案例浅析》，法律出版社 2003 年版，第 155 页。

建设作为其违法行为的继续,不应当成为判定领土主权归属的证据。

综上所述,在岛礁建设认定领土主权归属的问题上,国际法院的实践偏向于适用有效控制规则解决岛屿主权争端。在此过程中,首先,需要明确争议岛屿的权属状态,在充分尊重国家主权的基础上对争议领土是否存在争端进行判断,同时依据"不法行为不产生利益原则"排除掠夺性岛礁建设在岛礁主权争端中的证明作用。其次,确定关键日期,对关键日期后进行的岛礁建设活动予以排除,除非能够证明其为关键日期前的延续活动。最后,重视禁止反言原则在岛屿主权争端中的重要作用,在"东格陵兰岛法律地位案"中,挪威曾明确承认了丹麦享有东格陵兰的主权,此后,丹麦即无需通过主权活动对其主权进行巩固。

推进岛礁建设需强化管控能力。中国政府对南沙部分岛礁进行岛礁建设活动,是行使国家主权的外在表现。通过岛礁建设改善驻岛军民生活水平,并防止气候变化对岛屿岸线的影响。[①] 中国外交部发言人于 2014 年 5月 15 日在例行记者招待会上表示:中国对包括赤瓜礁在内的南沙群岛及其附近海域拥有无可争辩的主权。中方在赤瓜礁进行什么建设,完全是中国主权范围内的事情。[②] 单边解决我国南沙群岛主权争端,还需要加强对争端关键日期问题的研究。

岛礁建设在岛屿主权争端中可以被认定为一种主权活动,其证据能力的发挥依赖于主权活动的证据规则。在 2002 年"萨尔瓦多和洪都拉斯岛屿主权和海洋划界案"中,国际法院对待历史性资料与有效控制的态度,更加倾向于后者,并认为仅凭地图和历史书面文件不足以对先前判决进行修正。[③] 而有效控制依赖于主权活动实施的种类、效果、范围等多个方面。面对历史性证据能力的大打折扣,我国应注重岛礁建设,发挥其强化控制、巩固管理的重要作用,同时重视岛礁建设在证明主权归属方面的研究。

另外,防止一些国家别有用心地设计"人工岛屿"的陷阱以构陷我国岛礁建设。我国不仅要强调岛礁建设行为是在自然形成岛礁的基础上进行添附

---

① 王丽娜:《我国南海岛礁民事功能建设若干法律问题研究》,《海南大学学报(人文社会科学版)》2016年第 4 期,第 23—27 页。
② 《中方:对赤瓜礁有绝对主权若在建设也属主权内》,http://news.163.com/14/0516/08/ 9SBQFGUB000 146BE.Html,最后访问日期:2020 年 2 月 10 日。
③ 吴士存:《国际海洋法最新案例精选》,中国民主法制出版社 2016 年版,第 72 页。

活动,扩大了领土主权范围,但是并不改变岛礁本身的法律属性,而且要充分坚持南沙群岛的整体化构想,利用《公约》关于"人工岛屿"的含义较为模糊、缺乏可适用性的特点进行抗辩,从而避开"人工岛屿"的陷阱。[①] 此外,应加强对岛屿和岩礁的判断基准问题的研究,进一步维护我国在南海的海洋权益。[②]

第三节　岛礁建设在海洋划界方面的修正效力

岛屿争端的最后一个重要问题体现在海洋划界方面。岛礁法律地位的确定、岛礁主权归属确定,由此带来的另一个问题是与周边国家海洋区域的划界问题。在划界过程中,当事国可能就岛屿能否作为基点划定海上边界的问题产生争端。尽管我国对外坚持声称"岛礁建设不影响与周边国家海上边界的划定",但在两种法律制度下,岛礁建设的部分成果可能为海洋划界问题带来新的事实依据,进而影响最终的划界结果。

一、通过对领海基点的构造影响修正效力

随着人类社会科技水平的不断进步,人类对于海洋的开发利用从传统的鱼盐之利到舟楫之便;而今随着人类填海造陆能力的提升,沧海桑田的美好愿望已经成为现实。《公约》作为维持世界海洋秩序的宪章,将全球海域重新划分。人类活动会改变海岸线的物理形态,进而对《公约》中的基线制度构成一定的影响,对此,《公约》在内容上已经有所回应,肯定了部分人类活动在基点确定中的效力,这体现了《公约》的科学性与开放性。

（一）领海基线制度的产生与发展

据历史考察,"领海"概念萌芽于古罗马时期。罗马法的注释学家断定,皇帝有权像惩罚在陆地上犯罪的人一样来惩罚在海上犯罪的人。而"领海"概念的初步形成是在中世纪。12 世纪意大利法学家阿佐（Azo）、14 世纪的

---

① 王勇:《中国在南沙群岛扩礁加固行为的国际法效力问题》,《太平洋学报》2015 年第 9 期,第 22 页。
② 荆鸣:《论南海仲裁案实体裁决中岛屿和岩礁判断基准的瑕疵》,《中国海商法研究》2018 年第 1 期,第 112 页。

意大利法学家巴托拉斯(Bartolus)都主张皇帝有权对海洋的公有性质加以限制,任何国家的君主都有对沿海一定范围内的海域拥有权利;16世纪的荷兰法学家真提利斯(Gentilis)主张沿海海域是毗连海岸所属国家的领土的延续。① 早期围绕领海宽度的主要学说和观点经历了航程说、视野说、大炮射程说、3海里原则。② 随着1982年《公约》的生效,《公约》确立了12海里领海制度,并规定了领海及其上空、海床和底土的法律地位。领海制度则包括领海基线制度、领海基点管理制度、领海主权内容等,其中领海基线制度是领海制度的重要内容,一方面,领海基线的确定是领海确定的基础;另一方面,领海基线是测算领海宽度的起点,需要结合基点的问题判定。由点到线再到一块区域的形成,领海与基线形状存在着密切联系。但是,领海基线制度的发展也深受领海制度的影响,例如,领海基点的确定原则以及领海基线标准的制定依赖于领海制度的发展。③ 依据1982年《公约》的规定,领海基线包含三种类型:正常基线、直线基线和群岛基线。

正常基线就是沿海国官方承认的大比例尺海图所标明的沿岸低潮线。在正常情况下,海岸线与正常基线在数值上相等,如果一国采用的是正常基线,则领海基线的长度原则上等同于海岸线长度。领海基线的长度是测算海岸线长度的重要依据。从地理和法律两个层面分析海岸线的定义,在地理意义上,海洋和陆地是地球表面的两个自然地理单元,海岸线是陆地与海洋的交接线或分界线,一般指海潮时高潮所达到的界线。地质历史时期的海岸线称为古海岸线。海岸线分为岛屿岸线和大陆岸线两种。海岸线从形态上看,有的明显弯曲,有的较为平直,并且由于受到流水侵蚀和泥沙沉积的影响,海岸线的长度实际上是不断变化的,既有向海洋推进的,也有向陆地延伸的。从法律上讲,依据国家有关标准,海岸线是指平均大潮高潮时水陆交接的痕迹线。大多数沿海国把多年平均大潮高潮线作为海陆管理的分界线,一般可根据当地的海蚀阶地、海滩堆积物或海滨植物确定。

沿海国利用直线基线划定领海的方式,多适用于海岸线较为平直的国

① 刘中民:《领海制度形成与发展的国际关系分析》,《太平洋学报》2008年第3期,第28页。
② 周江:《论我国主权主张中的"附近海域"》,《重庆理工大学学报(社会科学版)》2011年第9期,第67页。
③ 曹英志、范晓婷:《论领海基点和基线问题的发展趋势》,《太平洋学报》2009年第1期,第72—73页。

家。依据 1982 年《公约》的规定，直线基线的使用有两个条件，即海岸线极为曲折或者紧接海岸有一系列岛屿。在目前"海岸线极为曲折"和"一系列岛屿"的标准没有得到统一的情况下，一国宣布采用直线基线标准往往受到非议，即使一国采用了单纯的直线基线，但无论如何，直线基线不能偏离海岸的一般方向。领海基线的长度成为测算海岸线长度的重要参考依据。

　　《公约》对群岛基线适用条件的规定与群岛国制度密切联系。《公约》在第四部分规定，群岛国可划定连接群岛最外缘的各岛和各干礁的最外缘各点的直线群岛基线，但对此种直线基线的长度与直线基线内的陆地面积比例进行了一定的限制。这是由于群岛基线将大片水域划入群岛水域范围，尤其是有的国家群岛位于重要的海上交通要道，海洋大国担心公海被大大缩减，从而影响航行自由并损害其航海利益，最终，《公约》通过限制基线长度和水陆比以控制群岛水域的范围。然而，《公约》并未明文禁止非群岛国适用群岛基线划定洋中群岛的领海基线。从国际司法层面来看，在"英挪渔业案"中，国际法院对挪威划定海岸领海基线的做法给予了肯定。挪威在其海岸外的高地、岛屿和礁石上选定了 48 个基点，用直线把这些基点连成直线基线，将基线内部水域划定为专属渔区。[1] 随着国家实践的增加，目前有 17 个国家在其远洋群岛划定了直线基线，由于拥有远洋群岛的大陆国家本身不多，现有国家实践极具代表性。[2]

（二）岛礁建设法律效果的领土法效力分析

　　岛礁建设导致陆地领土面积增加，作为划定正常基线的情况是否会发生变化；岛礁建设并不改变潮位标准和高度，但可以影响岛礁的海拔高度，进而改变低潮线的位置，而领海基线的改变是否契合《公约》的精神，以上问题还需要进一步论证。

　　海洋法中不同的海上地物享有的法律地位不尽相同。以是否高于水面为标准分类，可将其依次分为岛屿、岩礁、低潮高地、水下地形。[3] 水下地形

---

[1] Fisheries Case (United Kingdom v. Norway). *Judgment*, I.C.J. Reports, 1951, p.138.
[2] 白佳玉、冯蔚蔚：《大陆国家远洋群岛制度的习惯国际法分析与我国适用》，《广西大学学报(哲学社会科学版)》2018 年第 2 期，第 85 页。
[3] 谈中正：《科技发展与法律因应：人工固岛的国际法分析》，《武大国际法评论》2013 年第 2 期，第 74 页。

的法律地位依赖于其存在的地理位置,如果其位于内水或领海范围内,则构成一国的领土;在领海以外则属于专属经济区、大陆架或公海;在公海水域下则适用国际海底区域制度。低潮高地符合岛屿自然形成的要求,即陆地只有在低潮时高于水面,但在特殊情形下低潮高地可以作为基点存在。岛屿享有与陆地等同的管辖海域范围的权利。岩礁在专属经济区和大陆架的权利方面受到严格限制。

　　岛礁建设行为可以认定为领土添附。添附具有扩展领土面积的功能,随着领土主权范围的扩大,派生出来的海洋权利当然地发生改变。客观事实的改变能否直接影响法律关系的变动,学者对此存在不同观点。部分学者认为添附后产生的陆地不改变之前确定的低潮线走向,该理论出于对《公约》第 16、75、76 条第 9 款等规定以及国际法稳定边界原则的总结,即否定了人工添附在改变低潮线划定方面的效力,并有学者进一步指出:"通过向海洋中扔石头的方式,不间断地采用蛙跳式的方式获取海洋权益显然缺乏公平正义。"①也有部分学者坚持认为,沿岸国通过添附诞生了新的领土主权,该领土主权应该是完整的,包括因此所产生的海洋权益,关于其法律效果,已经在"安娜号案"中得到验证,密西西比河冲击形成的小泥岛有效地增加了美国的领海面积。②

(三)部分人造基点的效力为《公约》所确认

　　自然形成的海岸线并不是一成不变的,只是在一定时期内较为稳定。一方面,海平面上升、海水侵蚀等自然活动会影响海岸线的稳定;另一方面,填海造陆、修建港口、建造灯塔、防波堤坝等人类建设活动,也不断地依据人类的意愿改变着海岸的地形地貌,这些行为体现了主权国家与自然的博弈。与正常基线不同,直线基线的划定可以将部分人工建设的设施、物体作为基点,而《公约》赋予了主权国家利用海岸岛屿修筑人工设施的权利,并肯定了部分人造设施作为基点的资格。

　　以人工建造后的低潮高地作为基点需要满足特定条件。《公约》指出:

---

① A. Soons A. H. Artificial Islands and Installations in International Law. *Law of the Sea Institute University of Rhode Island*, 1973, pp.22-23.
② 罗国强:《中国在填海造地的方法性问题》,《南洋问题研究》2015 年第 3 期,第 12 页。

"除在低潮高地上筑有永久高于海平面的灯塔或类似设施，或以这种高地作为划定基线的起讫点已获得国际一般承认者外，直线基线的划定不应以低潮高地为起讫点"。低潮高地在确定沿海国领海基线时具有重要的作用。主权国家对其领海范围内的低潮高地实施岛礁建设，其应建造有永久高于海平面的灯塔或类似设施，即可以该低潮高地作为直线基线的起讫点。《公约》中连接前后两种情况的词为"or"，这表示两者的一种选择，而非并列的关系。以《公约》中有关低潮高地的规定为基础进行分析，低潮高地在划界中的作用依赖其上覆设施的性质或与领海内其他岛礁的距离。如果人工建设后的低潮高地构成人工岛屿，则其本身就丧失了领土属性，即丧失作为基点划定直线基线的功能。

永久性海港工程的最外侧可以作为划定直线基线的基点适用。《公约》进行此种规定是出于对国家管辖权的尊重，港口国对港口内的船舶具有管辖权。如果利用正常基线划定领海基线，港口的整体性就会被割裂，对沿海国及其港口的管理造成现实的阻碍。此外，根据以陆定海的基本原则，海洋权利是以领土主权为基础而派生出来的权利。港口尽管是人类活动的产物，但其构成一国领土的重要组成部分。《公约》承认沿海国永久性海港工程在领海基点确定中的重要作用，这也是领土法对海洋法提出的基本权利要求。以此推断，如果某岛礁上的港口是一国岛礁建设的阶段性成果，则岛礁建设在给海洋划界方面带来的影响依附于建造港口的法律效果。

二、通过影响领海基线进而左右修正效力

在国家实践层面，主权国家利用岛礁建设开发利用本国海洋资源的行为越来越受到国际社会的关注。20 世纪 70 年代，汤加王国通过人工浇筑的方式将两块无人居住的低潮高地进行了海拔提高建设，以此扩展了其管辖海域范围。① 在"卡塔尔诉巴林海洋划界案"中，小田滋法官表示："随着科技的不断发展，人们有可能依托一些岩礁和低潮高地进行娱乐或工业设

---

① 例如，早在 19 世纪 70 年代初，汤加王国通过倾倒沙石、水泥浇筑，使密涅瓦礁（The Minerva Reefs）的两处低潮高地露出海面，并声称其为岛屿，进而将汤加王国区域延伸了 100 英里。再如，由于马尔代夫 80% 的陆地高于海平面不足 1 米，为应对气候变暖引起的海平面上升，马尔代夫需要建造海拔更高的人工岛屿，其在环礁内用沙石、混凝土、粗砾建造了 Hulhumalé 人工岛，环礁与人工岛的海岸有一定距离，环礁形成保护岛屿的天然屏障。

施建设,尽管《公约》未明确包含相关的条款,但是人工建造行为可能为国际法所允许。因此,这些建筑的合法性还需要届时进一步的论证。"①就此问题,需要解释岛礁建设对三种不同基线类型的具体影响后果。

（一）岛礁建设对正常基线的稳定作用

《公约》中测算领海宽度的正常基线是指沿海国官方承认的大比例尺海图所标明的沿岸低潮线。无论采取何种高潮位标准,通过岛礁建设增加岛屿、岩礁抑或低潮高地的永陆面积,都可能导致低潮线向海一侧后退。正常基线的长度增加以及岛状地形的辐射性效果共同作用,扩展了主权国家的领海面积。对于此种方式,美国学者于 1961 年曾提出反对意见:"若是在人工建造的陆地基础上,宣称对特定海域或内部水域的所有权,那么,评判这种所有权合理性的首要原则应当是建造用途,即这种人工建造是出于特定的用途考虑,还是仅为了扩大领海面积,而不牵涉建造者自身利益"。他进一步解释说:"如果一个国家仅依靠在水中放上几块石头,保证这些石头达到一定的海拔高度并能够一直露出水面,就可以获批扩大自己的领海面积或是拥有新的内部水域,这种做法显然是不可取的"。②然而就建造的用途而言,从外观上无法判断其是否一味地追求海洋权益。探讨岛礁建设对正常基线的影响,应依据其作用于不同海上地物的具体情形予以判断。

第一,岛礁建设的海上地物是《公约》第 121 条第 1 款规定的岛屿。国际法明确赋予主权国家填海造陆的权利,例如《奥本海国际法》认可主权国家通过人工添附增加领土面积,以扩展领海面积的做法。③此类添附不改变岛屿的法律地位,其依然作为一国领土的组成部分。依据以陆定海的基本原则,岛屿面积的扩大将导致低潮线向海一侧后退,以此为依据的正常基线长度即发生变化,进而导致领海面积发生变化。

第二,岛礁建设的海上地物是《公约》第 121 条第 3 款规定的岩礁。如

① Barbara Kwiatkowska. Alfred H. A. Soons. Entitlement to Maritime Areas of Rocks Which Cannot Sustain Human Habitation or Economic Life of Their Own. *Netherlands Yearbook of International Law*, Vol. 21, 1990, p.169.

② Crawford Colin. Necessity Makes the Frog Jump: Land-Use Planning and Urban Agriculture in Cuba. Symposium-Environmental Law and Sustainable Development. *Tulane Environmental Law Journal*, Vol. 16, No.730, 2003, pp.733 - 782.

③ 俞世峰:《造岛行为的主权合法性判别》,《法学》2015 年第 7 期,第 125 页。

上文所述，人为添附一般不会改变岛礁的法律地位，所以无法通过岛礁建设使岩礁升级为岛屿。尽管岩礁在产生管辖海域能力上受到严重限制，但其仍然享有领海，可以作为基点划定领海基线。笔者认为，不应以人工要素的介入而否定岩礁本身的划界价值。从海洋划界的国际司法实践来看，岛屿、岩礁对海洋划界问题的影响并非绝对，划界的结果会受到诸多因素的制约，最终达到一种衡平与公平实质状态。

第三，岛礁建设的海上地物是《公约》第13条第1款规定的低潮高地。当低潮高地位于领海范围内，其构成一国领土，在其上修筑人工设施并不改变其法律地位，也无法依据其划定正常基线。

在正常基线问题上，岛礁建设的主要作用在于扩大岛屿、岩礁、低潮高地的陆地面积，优化水陆比例，为主权国家更好地利用本国领土提供支持。由岛礁建设所带来的低潮线后退和领海面积扩大的法律结果，是国家法所允许的，岛礁建设作为主权国家内部的事情，不应受到他国的非法干涉。

（二）岛礁建设对直线基线基点的构造

直线基线的采用受到严格的程序限制，利用直线基线划定领海只有在海岸线极为曲折或者紧接海岸的一系列岛屿的前提下、三角洲陆地面积非常不稳定情况下、在低潮高地基点作用得到确认的情况下，才可以使用直线基线划定领海范围。根据《公约》第7条第3款的规定，直线基线的划定不应在任何明显的程度上偏离海岸的一般方向，而且基线内的海域必须充分接近陆地领土，使其受内水制度的支配。而人类对海洋的改造与修复，可能对选择划定直线基线的基点造成一定的影响，故在岛礁建设作用结果方面，可能产生足以影响基点选择的因素。

岛礁建设中的部分工程建设活动为直线基线的划定构筑了全新的、可供选择的基点。工程建设是岛礁建设中的一个重要组成部分，其本质是主权国家针对领土的利用和改良行为。依据《公约》中以陆定海的原则，岛屿与陆地具有同等效力。岛礁建设中工程建设的重要内容就是通过对岛礁进行海港工程建设，丰富岛礁的社会经济生活，改善运输环境。在港口划界问题上，《公约》第11条指出："为了划定领海的目的，构成海港体系组成部分的最外部永久海港工程视为海岸的一部分。"因此，当一国的岛礁建设活动包含港口建设的内容时,主权国家可以依据《公约》所赋予的权利,以新建成港口最外部永久海港工程为海岸的最外侧基点。在国家实践方面,各国对于港口处直线基线的划定,在一定程度上偏离了海岸线的走向,其原因在于受到永久海港工程外部界限的影响。

以岩礁为客体的岛礁建设具有构造基点的法律效力。《公约》中关于岩礁的规定出现在第 121 条第 3 款,作为岛屿的特殊形式,岩礁的定义比较模糊,因此导致主权国家热衷于通过人工建设赋予其岛屿的资格,但是这种"升级建设"并未被国际社会所认可,这体现在日本对"冲之鸟"的建设问题上。岩礁在海洋法领域享有领海和作为划定直线基线基点的作用。然而,面对海平面上升和海水的不断侵蚀,岩礁在海洋中的生存状态岌岌可危,主权国家对其人为建设与加固,防止其物理灭失的行为具有充分的正当性。主权国家利用直线基线划定海洋边界时,领海范围内的岛礁具有确定基点的重要作用,因此,沿海国对能够影响划界结果的岩礁进行建设具有重要的意义。

利用岛礁建设建造低潮高地的法律效力,受到建造内容与建造位置的双重限制。一是针对低潮高地的岛礁建设,以建造灯塔或类似设施为内容;二是建造的低潮高地需要位于一国领海范围之内,或与邻近大陆或岛屿的距离不超过领海宽度。沿海国对低潮高地进行岛礁建设满足上述条件,即可援引《公约》中"直线基线"的规定,将其作为直线基线的起讫点。

岛礁建设作为人工改良、利用海上地物的一种重要方式,在世界范围内存在广泛的国家实践。岛礁建设作为领土的利用特性,主要源于传统国际法中领土主权理论,其法律效果的影响应尊重现代海洋法理论。岛礁建设丰富和便捷了国家对其远洋岛礁行使领土主权的方式,在陆地和海洋的权益方面应当保持审慎的态度。在认定岛屿法律地位方面,应以建设的海上地物法律地位为基础,不能降低,更不能提升。在证明领土主权问题方面,依据领土争端中对主权活动的规则,赋予效力和进行限制;在海洋划界方面,《公约》肯定了部分人类活动对海洋划界基点的作用。岛礁建设应合理利用制度规定,并严格遵守《公约》对划界问题的规定。

三、通过确定群岛水域左右海洋划界结果

《公约》在第四部分规定的群岛国制度体现出对传统国际海洋法的制度

创新。《公约》明确了群岛国、群岛的基本概念，并对群岛基线的适用条件、适用限制以及群岛水域的法律地位进行了明确规定。然而，《公约》作为"一揽子妥协"的产物并未对非群岛国适用群岛基线问题予以明确。在认定群岛的构成要素方面，除地理要件外，还需要对政治、经济、历史要件加以考察。由于受到所处时代的局限，《公约》未能将岛礁建设对认定群岛国的法律效果纳入考虑范围，这就导致国家实践与《公约》的矛盾。因此，需要将岛礁建设的法律效力置于群岛国制度之下进行考察，分析其在海洋划界方面的作用。

群岛制度国家实践与海洋法理论间存在冲突。《公约》对群岛的定义为："一群岛屿，包括若干岛屿的若干部分、相连的水域或其他自然地形，彼此密切相关，以致这种岛屿、水域和其他自然地形在本质上构成一个地理、经济和政治的实体，或在历史上已被视为这种实体。"①群岛的认定以岛屿为基础，但同时又引入了政治、经济、历史因素为考量，然而《公约》并未对上述要素规定认定标准和限制，因此导致规则适用的模糊性。此外，除群岛国外，还存在许多大陆国家对远离本土海域的远洋群岛享有主权。确定群岛水域的群岛基线仅适用于群岛国，大陆国家对远洋群岛选择适用何种基线来确定管辖海域范围成了《公约》中制度的缺失，这也导致大陆国家利用直线基线划定洋中群岛基线的国家实践。②而从《公约》内容出发，结合岛礁建设的国家实践，岛礁建设可能对群岛基线的划定带来以下影响。

第一，利用岛礁建设提升海陆面积比例，从而成就群岛基线的适用条件。岛礁建设可以有效增加岛礁陆地面积，从而改善岛礁的空间条件。与岛屿的界定相似，有学者认为群岛的认定暗含对岛屿"自然形成"的要求。③据此可以推出，利用人工建设满足群岛基线的海陆面积比例要求，不能成就适用群岛基线的条件。对此，笔者认为，群岛国适用群岛基线时应当排除人为建设的因素。在群岛国的整体性意图下，群岛国所主张的海洋地物除岛屿外还存在"其他自然地形"的补充，将自然地形解释为岩礁、沙洲、珊瑚礁乃至水下地形，而人工添附的陆地并非自然形成，但是作为实施人工添附的

---

① 《联合国海洋法公约》第 46 条。
② 周江：《论洋中群岛的领海基线划定》，《法商研究》2015 年第 4 期，第 167 页。
③ C. F Amerasinghe. The Problem of Archipelagoes in the International Law of the Sea. *The International and Comparative Law Quarterly*, 1974, p.545.

基础,其原有地形的自然属性亦不能发生改变,以免群岛国的利益受损。

第二,通过实施岛礁建设改变群岛基线的长度。《公约》要求群岛国适用的群岛基线长度不应超过 100 海里,但围绕任何群岛的基线总数中至多 3％可以超过该长度,最长以 125 海里为限。[①] 正如前文所述,岛礁建设构建新的基点,如果群岛国在原有群岛基线水域的低潮高地上建造灯塔等高于水面的设施,则可能影响群岛基线的长度。此外,在超过群岛基线最长基线长度限制的情形下,群岛国可利用岛礁建设人为分割群岛基线以满足群岛基线的适用。笔者认为,上述行为在不影响其他国家利益的情况下,应当为国际法所允许,因为其符合《公约》创设群岛国的目的及宗旨,保护群岛国的利益。

第三,利用对低潮高地的岛礁建设构造起讫点。在人工建设低潮高地的效力方面,群岛基线与直线基线的规定类似,除在低潮高地上筑有永久高于海平面的灯塔或类似设施,或者低潮高地全部或一部与最近的岛屿的距离不超过领海的宽度外,这种基线的划定不应以低潮高地为起讫点。[②] 群岛国可以通过对其领海范围内的低潮高地实施岛礁建设,获得新的起讫点,从而改变群岛基线的形状。但该行为需要遵守《公约》中对群岛基线的限制,例如以此方法划定的基线不能在任何明显的程度上偏离群岛的一般轮廓、不能使另一国的领海同公海或专属经济区隔断等。

综上所述,岛礁建设对海洋划界的修正效力仍然需要依靠群岛基线制度发挥作用。一方面,由于基线制度中对部分人工建设行为的法律效力进行了确认,因此,岛礁建设能够对海洋边界的划定造成影响。另一方面,岛礁建设也受到《公约》基线制度、国际法和国际习惯的限制,故主权国家的岛礁建设对海洋边界的变动影响是有限度的,不能明显偏离海岸线的基本方向和群岛的基本轮廓,不能影响他国领土的利用。我国岛礁建设的地理位置位于我国南沙群岛范围内,我国一直将南沙群岛视为一个整体主张海洋权利,群岛内部的岛礁建设不会对周边国家的海洋划界构成影响。就西沙群岛的岛礁建设而言,我国已经利用直线基线划定了西沙群岛的领海基线,在边界已经确定的情况下,西沙群岛的岛礁建设也不影响我国与周边国家海洋边界的划定。

---

① 《联合国海洋法公约》第 47 条第 2 款。
② 《联合国海洋法公约》第 47 条第 4 款。

第四章
岛礁建设生态环境安全的管控与应对

主权争端经过近几十年的发展，呈现一种多元化的趋势。从单一的主权争端发展为海洋权益争端，近几年随着我国在海域活动的逐渐深入，对岛礁建设的环境保护问题引起了周边国家的重视。一方面，岛礁建设稳步推进与相关信息公开的同步程度不足，引起了外界对岛礁建设环境保护方面的质疑；另一方面，周边国家妄图通过此方式扰乱我国的岛礁建设实施步伐。我国岛礁建设活动在国际环境法体系下究竟需要履行怎样的环境保护义务，成为本章研究的重要问题。本章将通过分析国家在国际环境法中的权利义务，探索我国岛礁建设与海洋环境保护对立和统一，提出我国岛礁建设在环境保护方面的具体措施。

第一节 《公约》视角下岛礁建设的
环境保护义务

岛礁建设中环境保护问题的核心是国家主权的行使和海洋环境保护义务之间产生的矛盾。岛礁建设是国家行使对自然资源永久主权的体现，对周边的海洋生态环境造成一定程度影响是不可避免的。岛礁建设是否违反国际环境法相关规定，还需要结合具体情况进行判断。因此，要将岛礁建设置于国际环境法律体系下作进一步判断，分析国家进行岛礁建设所应承担的国际环境法义务。

一、岛礁建设中的环境问题

自 2013 年 9 月,我国对南沙群岛中 7 个岛礁进行以"陆域吹填"为主的岛礁建设活动。对比传统的填海造地工程,对这 7 个岛礁的建设采用的是世界上最先进的吹沙填海技术,通过我国"天鲸号"绞吸式挖泥船的施工作业,我国已经完成了对南沙群岛中 7 个岛礁的扩大建设。2015 年 6 月 10 日,我国国家海洋局发表《南沙岛礁扩建工程未对珊瑚礁生态系统造成影响》[①],其中指出,在南沙岛礁开展建设,在项目选址、施工和后期监管方面,均严格按照国内法律法规的要求进行了科学评估与论证,并注重对生态环境和渔业资源的保护。

岛礁建设对生态环境的损害与传统的环境污染和生态损害并无明显差别。针对我国对南沙群岛进行的岛礁建设活动,有专家在报告中指出:中国的人造岛屿建设活动摧毁了 13.62 平方公里的珊瑚礁;而且有近 14.2 平方公里的珊瑚礁遭到破坏,其中因填埋被破坏的珊瑚礁达到 12.82 平方公里,相关的深沟渠疏浚面积达 1.38 平方公里;除上述活动外,另有 79.2 平方公里的珊瑚礁由于浅层疏浚而受损。如果将这些珊瑚礁恢复,需要在没有人为干预的情况下自然发育数十年。[②] 从报告中可以看出,岛礁建设对环境的影响主要集中在生态保护方面,但人类的改良活动需要以牺牲短期的生态环境成本为代价,除考虑岛礁建设过程中的环境损害问题外,更重要的是对岛礁建设后的环境保护、生态修复行为的考量,离开过程谈结果、脱离目的谈问题都是片面的。我国关于南沙岛礁建设活动的报告与国际社会专家报告虽然存在着不一致,但是都对珊瑚礁的生态破坏进行了重要的论证和评价。珊瑚礁生态系统对南沙群岛有着特别的存在意义,因该海域处于低纬度海区,全年高温多雨,这种海洋环境适合珊瑚礁的生长,故南沙群岛中大部分属于珊瑚岛,珊瑚虫在海域如同大自然的双手一般改变着地区的地形地貌。珊瑚礁在海域是一个独特的地理生态单元,既是众多海洋生物的栖息地,也是

---

① 《南沙岛礁扩建工程未对珊瑚礁生态系统造成影响》,http://www.soa.gov.cn/xw/dfdwdt/jgbm_155/201506/t20150610_38318.html,最后访问日期:2020 年 3 月 13 日。

② The Philippines' Response to Tribunal Enquiry on Reef Damage. http://www.pcacases.com/web/sendAttach/1917,最后访问日期:2020 年 3 月 13 日。

海洋生态环境的重要组成部分。岛礁建设是一个全方位的生态建设工程,应以恢复、优化、完善岛礁自然生态系统为目标。因此在建设过程中应当坚持绿色原则,同时遵守海洋工程、海岸工程建设有关的法律法规进行严格控制。

由于岛礁建设可能对海洋生态环境造成损害,因此我们更应以审慎的态度运用这种手段。关于岛礁建设,目前我国国内法还没有明确的规定,但是参考其作业方式与性质可以适用《防治海洋工程建设项目污染损害海洋环境管理条例》中关于围填海、海上堤坝工程的有关规定。目前我国岛礁建设在环境问题上的压力主要来自以下几个方面。

第一,主权争端派生出的海洋环境保护问题。在地理上,南海由中国、越南、菲律宾、马来西亚、印度尼西亚、文莱所包围,是一个半闭海。在政治上,周边国家围绕领土主权问题已经进行了 40 年的博弈,随着美国提出重返亚太的全球战略,领土主权问题持续升温,由最开始的领土主权发展到航行自由、资源开发以及海洋环境等问题。由于南海有着重要的战略地位和丰富的油气资源,中国在南海的岛礁建设被一些国家所误解,认为我国岛礁建设是为了强化我国对南海的军事存在,将岛礁建设视为军事活动,是问题军事化的前奏。某些周边国家指责我国岛礁建设活动损害海洋环境的目的是扰乱我国的战略部署,阻止我国岛礁建设进程。

第二,岛礁建设的速度和规模引起周边国家的恐慌,导致周边国家通过多种手段干扰我国岛礁建设。对岛礁进行开发建设并非中国首创,20世纪 90 年代,马来西亚在我国的弹丸礁上进行非法建造,目前弹丸礁已经成为世界上著名的潜水度假胜地;越南在其侵占我国南沙群岛的部分岛礁上进行军事设施的建设,以"军占民随"的方式在南威岛、南子岛、景宏岛等岛礁上修建民用设施,并向岛上移民。[①] 菲律宾对中国岛礁建设大肆渲染,将我国岛礁建设活动比喻为"岛屿工厂",将中国的岛礁建设活动定义为"造岛"行为。经过对南沙群岛 7 个岛礁的建设,我国在南沙的领土面积扩大了 13.817 平方公里,经过建设的美济礁、渚碧礁、永暑礁的面积跃升南沙岛礁面积的前三名。[②] 岛屿陆地面积的拓展为加

---

① 谈中正:《科技发展与法律因应：人工固岛的国际法分析》,《武大国际法评论》2013 年第 2 期,第 78 页。
② 王涌、郑崇伟、郑亚波、陈明荣:《中国岛礁建设对三沙通航环境的影响分析研究》,《海洋开发与管理》2017 年第 1 期,第 48 页。

强我国对南沙群岛的进一步开发提供了重要的物质基础。为了保护既得利益,周边国家假借各种理由抹黑我国岛礁建设的成果,目的就是在舆论上打压我国。①

第三,作为半闭海,海洋环境保护的执行存在一定难度。南海地区的生物资源和非生物资源非常丰富。在生物资源方面,南海拥有全世界 76% 的珊瑚种群以及约 2 500 种以珊瑚为栖息地的海洋鱼类。南海海域的大洋盆地是良好的储油储气的地质结构,蕴含着丰富的石油、天然气资源,约有 75 亿桶石油的储量。② 我国的岛礁建设区域位于以珊瑚礁生态环境为代表的海洋环境区域,因此,我国的岛礁建设采用"自然仿真"的总体技术思路,模仿海洋中暴风浪吹移、搬运珊瑚砂砾等生物碎屑,在浅水礁坪的综合动力平衡点上持续堆积,形成稳定的潮上堆积体,并逐渐进化为海上绿洲的自然过程,再利用大型绞吸式挖泥船绞吸、泵送潟湖中松散的珊瑚砂砾,在内礁坪上吹填堆积,形成潮上陆域基础平台,建造部分设施,并通过大气、雨水、阳光的淋溶淀积等自然力作用,辅之以人工加速措施,吹填区域将产生淡化、固化、风化、绿化的生态效应,逐渐形成珊瑚礁绿色生态环境。③ 这些活动是建立在充分的科学论证的基础上,竭尽一切可能将环境破坏降到最低。尽管如此,由于气候变化、海水温度升高,地区的珊瑚礁总体呈退化的趋势。菲律宾等国以此为由,将主要原因归结于我国的岛礁建设,此结论缺乏科学根据,不具有客观性。

以上都是我国岛礁建设在环境保护领域面临的巨大压力。在前文中已经得知,中国并非唯一在南海海域进行岛礁建设的国家,其他国家也对其侵占我国的部分岛礁实施了填海造地和岛礁陆地面积的扩建工程。越南、马来西亚、菲律宾等国侵占了我国部分岛礁并在其控制下的岛礁上实施人工建设,对其建造过程中所造成的海洋环境污染和生态破坏置若罔闻,这些国家不对自己的行为严加审视,反把矛头指向中国的岛礁建设,目的在于转移视线,搅浑南海海域的国际舆论。

---

① 刘艳峰、邢瑞利、郑先武:《中国岛礁建设与东南亚国家反应》,《学刊》2016 年第 1 期,第 74 页。
② 蒋小翼:《南沙岛礁建设的国际环境法律义务解析》,《海南大学学报》2017 年第 2 期,第 37 页。
③ 《南沙岛礁扩建工程不会对海洋生态环境造成破坏》,http://www.soa.gov.cn/xw/hyyw_90/201506/t20150618_38598.html,最后访问日期:2020 年 4 月 15 日。

二、岛礁建设中海洋环境保护的一般义务

《公约》第 192 条明确指出"各国有保护和保全海洋环境的义务"。尽管该条表述比较笼统，属于一般性质的规定，但不可否认，它的确为各国设定了义务。由于岛礁建设活动工程量大、过程复杂、耗时漫长，不合理的建造方式以及施工过程中的不当操作，都有可能造成岛礁及其周边海域的环境损害。所以，在岛礁建设活动中的海洋环境保护保全方面的具体调整情况，还要结合《公约》第 12 部分的后续条款予以进一步判定，其中包括《公约》第 194 条规定的明确义务以及第 237 条所构想的参照于其他国际公约的特定义务。[①]

岛礁建设活动作为人类改造自然、利用海洋空间资源的主权活动，应符合"防止、减少和控制海洋污染"的环境法要求。《公约》第 194 条明确提出："各国在适当情形下个别或联合地采取一切符合本公约的必要措施，防止、减少和控制任何来源的海洋环境污染，为此目的，按照其能力使用其所掌握的最切实可行的方法，并应在这方面尽力协调它们的政策。"这也是对岛礁建设活动在环境保护问题上提出的一个总体的义务要求。

首先，《公约》没有关于实施岛礁建设的确切法律规则，只在人工岛屿建设问题上进行了规定，其赋予了沿海国建造人工岛屿的权利，并对人工岛屿建造中的环境保护问题作出了规定，但岛礁建设活动是对一国自然形成的岛礁所实施的添附扩建活动，《公约》对此类活动并没有明确的限制或禁止性规定，也缺乏相关具体的海洋环境保护的规定。尽管有关人工岛屿建设的环境保护规定可以为岛礁建设中环境保护提供一定的参考，但不能充分约束沿海国的岛礁建设活动。

其次，岛礁建设应承担生态环境保护义务。岛礁建设作为人类活动，存在危及周边海域生态环境的风险，故《公约》第 194 条第 5 款规定了缔约国有义务按照本部分的采取措施，对稀有脆弱的生态系统和濒危及珍稀的海洋物种进行保护。《公约》对海洋环境污染作了明确的解释。同时，《公约》第 237 条规定了其对海洋环境保护与保全不影响其他特别公约和协定所规

[①] 蒋小翼：《岛礁建设的国际环境法律义务解析》，《海南大学学报（社会科学版）》2017 年第 2 期，第 36—42 页。

定的特别义务。

最后,岛礁建设属于国家管辖范围内的海洋环境义务。《公约》第 192 条规定的一般义务既适用于国家管辖范围内的区域,也适用于国家管辖权以外的区域,但在两个区域之下,国家承担的环境保护与保全义务存在差异。针对国家管辖范围内的海洋环境保护问题,各国依据其国内法与海洋资源开发的政策进行调整,这种义务局限于国家主权范围之内,除产生跨境环境污染的情形以外,不受其他国家的干涉。通过对《公约》中有关海洋环境保护与保全规定的分析,可以发现其暗含着一种要求各国采取措施防止环境污染和改善生态环境的义务。这种义务同样适用在岛礁建设领域。

岛礁建设作为一种海洋开发利用活动,应当符合《公约》中对海洋环境保护和保全的一般规定。岛礁建设在建造位置、施工方式、材料使用等方面都应当审慎地注意对周边海洋生态环境的影响,防止环境污染。但是,岛礁建设属于国家管辖权范围内的活动,更多的是对国内法的遵守。若在岛礁建设过程中产生污染跨境的问题,该国应通过信息公开与合作的方式,与其他国家商议解决。

三、岛礁建设环境保护的国际合作义务

在环境保护领域,国际合作原则(全球伙伴精神原则)是指在解决环境问题、环境纠纷等环境领域,国际社会的所有成员应当采取合作而非对抗的方式协调一致行动,以保护和改善地球环境。[①]《公约》不仅对人类开发利用海洋及主权等问题作出了重要规定,而且是迄今为止最全面的关于海洋环境保护的国际法律制度,是在继承和发展的基础上全面保护海洋环境的杰作。[②]《公约》对海洋环境的保护与保全的规定中也提出了国际合作原则,并将其上升为一种义务。《公约》第 194 条第 1 款要求各国使用"最切实可行"方法,并尽力协调防止、减少和控制海洋环境污染的政策和措施。

第一,通过制定区域性条约的方式共同保护海洋环境。由于环境问题的全球性特征以及人类共同利益的特点,通过全球治理的方式解决环境问题存在一定的局限性。更多的国家开始尝试以区域合作的方式解决周边的

---

① 蔡守秋、常纪文:《国际环境法学》,法律出版社 2004 年版,第 91 页。
② 林灿铃、吴汶燕:《国际环境法》,科学出版社 2018 年版,第 379 页。

海洋环境问题,例如,波罗的海周边国家制定了《波罗的海区域海洋环境保护公约》,其中规定各国在海洋环境保护中的权利和义务,并根据规定成立了波罗的海环境保护委员会,由该机构充分协调各国的环境保护政策,充分平衡各国的海洋环境权益。波罗的海周边国家的这一做法得到了世界范围内许多国家的认可,其纷纷效仿,例如东北大西洋周边国家以及地中海周边国家开始采用此类方式进行海洋环境保护的合作,于 1974 和 1976 年达成了《防治陆源物质污染海洋公约》(《巴黎公约》)以及《保护地中海海洋环境与海岸带公约》(《巴塞罗那公约》)。

第二,环境损害通知义务与污染应急计划的国际合作。一国有义务将已发生或可能发生的海洋环境污染情势,通知周边海洋环境可能受到影响的国家以及主管的国际组织。《公约》第 198 与 199 条形成了一个紧密结合的整体,在前述情形下,受到影响的国家及国际组织应尽一切努力进行可能的合作,消除污染影响,以此防治和减少海洋环境损害。

第三,研究信息资料共享与交换的合作义务。在此义务下,各国有义务将自己掌握或获取的海洋环境保护方面的信息资料与其他国家及国际组织开展交流,以丰富在海洋环境污染治理方面的知识。同时,《公约》第 201 条规定,在相关知识的丰富和国际合作之下,各国应制定适当的科学准则,以便拟定和制定防止、减少和控制海洋环境污染的规则、标准和建议的办法及程序。

结合海洋环境保护中全球与区域性合作的义务与我国岛礁建设情况,我国岛礁建设的开展应考虑国际合作义务。首先,我国每年定期对南海的海洋环境进行调查并将结果以公报等形式予以公开,这可以认定我国履行了信息交流与公开的义务。其次,我国在岛礁建设过程中未对其他国家的海洋环境产生污染损害,不需要对周边国家进行通知。最后,《公约》对于合作义务的规定原则性较强,仅以"应尽力"等倡导性的表述对合作的达成进行规定,在实践中各国虽在主观上有合作的意愿,但在客观的情形下可能受到政治因素、国家利益等方面的阻碍。

四、岛礁建设与环境影响评价义务

《公约》第 206 条规定:"各国如有合理根据认为在其管辖或控制下的计划中的活动可能对海洋环境造成重大污染或重大和有害的变化,应在实际

可行范围内就这种活动对海洋环境的可能影响作出评价,并应依照第 205
条规定的方式提交这些评价结果的报告。"此规定对岛礁建设进行环境影响
评价的义务和要求是明确且具体的。在"新马填海案"中,国际海洋法法庭
要求马来西亚与新加坡组成专家小组对填海造地的环境影响进行评估。无
独有偶,在"尼加拉瓜诉哥斯达黎加案"中,国际法院一致认定,哥斯达黎加
违反了国际法规定其所应承担的义务,因为其在圣胡安河沿岸建设 1856 号
公路之前和期间,没有对相关环境影响开展评估。[①] 可见,一国在实施岛礁
建设活动中评价环境影响是一项基本的义务。

目前,我国尚未对岛礁建设的环境影响评价相关的信息进行公布,在此
方面已经引起了国际关注。中国国家海洋局于 2015 年发布《南沙群岛扩建
工程未对珊瑚礁生态系统造成影响》《南沙岛礁扩建工程不会对海洋生态环
境造成破坏》指出,我国岛礁建设活动经过科学的论证,在施工位置的选择、
施工时间的确定、执行标准方面均符合环境保护的要求,而对珊瑚礁的破
坏,可以通过人工和自然作用在正常的时间段内予以恢复。但是,这在国际
法上并不具有履行公布环境影响评价义务的法律效果,例如在"修建道路
案"中,尽管哥斯达黎加提出了对道路修建方案的初步评价,但国际法院认
定这并不产生国际法上的效力。鉴于此,我国需要评估岛礁建设对周边海
域环境产生的影响,并形成结果予以公开。

综上所述,虽然我国的岛礁建设在环境保护方面存在一定的问题,但不
足以认定我国岛礁建设违反了国际环境法。对此,我国需要重视环境影响
评价的作用,并应选择在适当的时期以适当的方式予以公布,充分阐述岛礁
建设对岛礁周边生态环境的影响情况,防止域外国家打着环境保护的旗号,
干涉我国岛礁建设活动。

第二节　岛礁建设海洋环境保护管辖权的确立

《公约》开篇就言明了海洋环境污染的定义,使缔约国之间在防止海洋

---

① 《国际法院就尼加拉瓜和哥斯达黎加边境问题作出裁决》,http://news.m4.cn/2015 - 12/1296336.
shtml,最后访问日期:2020 年 2 月 8 日。

环境污染方面达成默契。海洋环境污染的来源主要包括：航运、垃圾倾倒、海床活动和陆地活动。各国应对岛礁建设过程中可能产生的环境污染问题进行分类，并根据不同的执行标准以及规则及时解决这些问题。明确岛礁建设中海洋环境保护管辖权的权利基础、确立岛礁建设实施国家的海洋环境保护管辖权、解决岛礁建设引发的海洋保护环境问题三者之间存在着密切联系；对岛礁建设过程中引发的海洋环境问题应当从多角度全面考量，并非如菲律宾在"仲裁案"中所言只片面考虑最终的结果。

一、岛礁建设海洋环境保护管辖的国际法基础

海洋环境污染的管辖是一个涉及在不同海域发生不同污染行为应由哪个国家管辖和以什么标准进行管辖的问题。① 结合岛礁建设活动的具体内涵，岛礁建设的海洋环境污染管辖是指因岛礁建设而造成不同海域环境污染，应由哪个国家管辖以及以什么标准管辖的问题。岛礁建设作为开发利用海洋的新兴活动，人类对海洋的开发也进入了一个新的时代。沿海国出于开发岛屿发展海洋经济的目的，对其控制下的岛礁进行开发建设，在此过程中有可能因为不合理的规划、不科学的施工方法或者不适宜作业时间，对周边海洋生态环境造成破坏，对岛礁资源的可持续发展造成损害。因此，需要从国际法层面寻求与岛礁建设海洋环境保护相关的法律依据。

岛礁建设的实施范围处于主权国家管辖范围之内，国家的属地管辖权在领土利用和管理方面具有决定性意义。土地为人类提供食物、住宅、各种矿产，人类一旦离开陆地便无法生存。《联合国防止荒漠化公约》《联合国生物多样性公约》《联合国气候变化公约》都对主权国家对本国土地资源保护的管辖权进行了明确规定。土地作为主权国家的物质基础，所有关于土地资源保护的行动都在一国境内实施，一国对土壤的使用和开发是其主权范围内的事项，这是国际社会关于土地资源保护问题难以达成条约的根本原因。② 岛礁建设作为主权国家管辖下的岛礁改良活动，主权国家享有对岛礁土地的保护和管理进行管辖的权利。国家对岛礁建设环境保护管辖的确立除依据国家主权原则之外，还存在于国际环境法中的土地资源保护类的

---

① 林灿铃、吴汶燕：《国际环境法》，科学出版社 2018 年版，第 190 页。
② 林灿铃、吴汶燕：《国际环境法》，科学出版社 2018 年版，第 159 页。

条约。

　　岛礁建设活动导致的陆源污染物污染海洋环境的问题,应由实施岛礁建设的国家进行立法管辖。陆源污染直接产生于一国领土范围之内,属于发生在国家领土范围内的行为,一般情况下,这种污染是由行为发生国进行立法管辖,当然必须遵循"各国有在其领域内的行为不给领域外的环境造成危害的原则"。国际环境法必须在国内得到切实的实施,具体表现为制定和执行有关履行条约、公约的法律、法规和其他法律文件等方面以及保证国内法制的健全。[1] 1989 年《控制危险废弃物越境转移及其处置巴塞尔公约》第4 条规定:"各缔约国应采取适当的法律、行政和其他措施,以期实施本公约的各项规定"。为实施该公约,我国在 1995 年颁布的《中华人民共和国固体废弃物污染环境防治法》第 24 条规定:"禁止中华人民共和国境外的固体废物进境倾倒、堆放、处置"。因此,岛礁建设产生的陆源污染应当由实施岛礁建设国家的国内法管辖。

　　《公约》为岛礁建设中海洋环境保护管辖的确定提供了指引。联合国成立后召开的三次海洋法会议,对海洋环境的保护问题进行了详细的规定与制度上的创新。海洋环境保护作为专门的章节被规定在《公约》之中,凸显了《公约》对海洋环境问题的高度重视。随着沿海国与海上强国争夺海洋权益的态势日益激烈,很多发展中国家支持《公约》,最终形成的海洋法体系抛弃了完全的船旗国管辖,并逐渐演变为船旗国、沿海国和港口国三者间的衡平。[2] 但船旗国在很大程度上仍然享有优先权和海洋自由,并且《公约》中规定了国家控制下的船舶和飞行器在海洋环境保护责任方面的主权豁免。[3]

　　通过对国际环境法和《公约》内容的分析不难看出,主权国家对实施岛礁建设过程中产生的环境保护问题负有首要责任,更享有优先的管辖权。岛礁建设的环境保护内容纷繁复杂,既有造成陆地污染的情形,也存在影响海洋环境、损害生物多样性的风险,甚至产生跨境污染问题。因此,实施岛

---

[1] Dzidzornu, D. M. Marine environment protection under regional conventions: Limits to the contribution of procedural norms. *Ocean Development and International Law*, Vol. 33, No. 263, 2002, p.316.

[2] 任洪涛:《论海域环境保护管辖的冲突与协调》,《河北法学》2016 年第 8 期,第 117—118 页。

[3] 《联合国海洋法公约》第 236 条。

礁建设的国家应当作为保护海洋环境的第一责任主体，确立岛礁建设国的环境保护管辖权尤为重要。

二、我国对岛礁建设环境保护管辖权解析

岛礁建设涉及陆地与海洋两种空间范畴。对于陆源污染的管辖属于一国领土范围内的行为，一般由实施岛礁建设的国家进行立法管辖。在确定海洋环境保护的管辖方面，由于海洋环境的流动性、复杂性、整体性，《公约》对海洋环境保护管辖权作出了详细和科学的规定。确立我国对岛礁建设活动海洋环境保护的管辖权，需要结合《公约》规定予以进一步明确。

基于对岛礁享有的领土主权，我国对岛礁建设海洋环境保护的管辖符合沿海国管辖的相关规定。根据《公约》规定，沿海国拥有在领海内防止海洋环境污染的管辖权，同时亦享有在其专属经济区的保护和保全海洋环境的管辖权，还承认沿海国享有在其专属经济区和大陆架防止海底开发和倾倒废弃物等活动造成海洋环境污染的管辖权。[1] 从我国岛礁建设位置来看，西沙群岛中永兴岛的岛礁建设处于我国西沙群岛领海基线内，而南沙群岛岛礁建设活动都开展在距离我国享有领土主权的岛礁的12海里范围内，我国作为沿海国对岛礁建设过程中防治海洋环境污染享有属地管辖权。我国《海洋环境保护法》第2条规定："本法适用于中华人民共和国管辖海域。在中华人民共和国管辖海域内从事航行、勘探、开发、生产、旅游、科学研究及其他活动，或者在沿海陆域内从事影响海洋环境活动的任何单位和个人，都必须遵守本法。在中华人民共和国管辖海域以外，造成中华人民共和国管辖海域环境污染、生态破坏的，适用本法相关规定。"此外，该法也对岛礁建设中可能引发的环境问题作了明确规定。

基于对岛礁建设中所使用船舶的船籍归属和支配控制情况，我国对岛礁建设的海洋环境保护管辖涉及船旗国管辖权的内容。《公约》中规定各国应当制定法律和规章，以防止、减少或控制悬挂其旗帜或在其国内登记的船只对海洋环境的污染。从岛礁建设的具体实施过程进行分析，我国对施工中的船舶污染的防治享有管辖权。我国在南海海域实施岛礁建设的主力船

---

[1]《联合国海洋法公约》第21、56、60、80、208、210条。

舶为绞吸式挖泥船,例如"天鲸号"作为国有企业所有的船舶,其实施岛礁建设属于国家行为。

我国作为岛礁建设中的港口国,对岛礁建设过程中引发的海洋环境问题享有管辖权。《公约》确认港口国具有一定程度的管辖权,但港口国管辖权的行使存在许多的限制条件。《公约》规定港口国可以制定关于防止、减少和控制海洋环境污染的特别规定,作为外国船只进入港口或内水或在其岸外码头停靠的条件,并将这种特别规定妥为公布以及通知主管国际组织。①

从《公约》对于海洋环境保护与保全管辖的执行和规定来看,我国对岛礁建设中海洋环境保护与保全享有充分的管辖权基础,对岛礁建设活动的评价与认定应适用我国的相关法律规定和标准。我国基于对岛礁的领土主权,并结合岛礁建设的特点,在沿海国、船旗国以及港口国三个层面均享有管辖权。因此,我国在岛礁建设的环境保护管辖权问题方面有着充分的国际法依据,有义务防止岛礁建设活动引发环境污染和生态破坏问题。

综上所述,我们应看到《公约》在海洋环境保护方面考虑到了各方面的利益,最终形成了以上调和与折中的规定。这些关于防止海洋环境污染管辖权的规定体现了对船旗国管辖的保护,例如《公约》第 228 条第 1 款规定,如果船旗国对其他国家对其船只的违法行为提起司法程序最初 6 个月内就同样的控告加以处罚的司法程序,该国应立即暂停进行司法程序。这实际是把船旗国管辖权置于沿海国管辖权之上,不利于沿海国的管辖。②

三、岛礁建设海洋环境保护管辖权的执行

《公约》是迄今为止最权威的全面规制海洋环境保护责任的多边协定,《公约》及其框架下的执行协定等构成了一套综合性保护海洋环境的国际环境法体系。《公约》确立岛礁建设环境保护管辖权的目的在于使各国有效地执行国际环境法规则。我国对岛礁建设环境保护管辖权的执行主要体现在完善国内立法、制定环境标准、科学施工管理等方面。

---

① 《联合国海洋法公约》第 211 条。
② 冯寿波:《消失的国家:海平面上升对国际法的挑战及应对》,《现代法学》2019 年第 2 期,第 195 页。

国际环境法的国内执行与实施是履行国际环境法律义务的重要方式。我国为充分履行国际法义务,通过立法加强对海洋环境的保护工作,颁布了《中华人民共和国海洋环境保护法》(简称《海洋环境保护法》)、《中华人民共和国海域使用管理法》《中华人民共和国海岛保护法》和《防治海洋工程建设项目污染损害海洋环境管理条例》等法律法规。岛礁建设所涉及的各方面环境保护义务在整个法律体系中得到了充分的体现。

第一,岛礁建设应当遵循环境影响评价制度。环境影响评价是指对规划和建设项目实施后可能造成的环境影响进行分析、预测和评估,提出预防或者减轻不良环境影响的对策和措施,进行跟踪监测的方法与制度。[①] 岛礁建设是利用海洋空间资源的人类活动,岛礁建设活动应当遵守《中华人民共和国环境影响评价法》的规定,避免给海洋环境带来严重的损害。但在现实中也存在一定的问题,我国尚未对岛礁建设作出明确规定,缺乏对岛礁建设中环境保护和生态保护的实施标准,环境问题具有专业性和特殊性,就标准而言,关系海洋环境的安危,应当慎重考虑,并经过科学的研究和论证确定相关标准。

第二,岛礁建设应遵循保护海洋生态环境方面的法律制度。我国于2016 年 11 月 7 日修改了《海洋环境保护法》,其中根据我国海洋环境保护的需要增加了关于海洋生态保护的内容。岛礁建设的目的、方式、结果应当符合海洋生态保护的要求,岛礁不仅是建设的对象也是法律保护的对象,例如《海洋环境保护法》第 33 条将海岛、珊瑚礁等代表性的海洋生态系统进行重点保护,而且第 34 条等规定对此明确了各级政府的责任,并规定了保护的具体措施,例如进行生态整治和恢复、建立海洋特别保护区以及海洋自然保护区等。随着以上措施的落实,我国的海洋环境保护水平将会稳步提高。

第三,岛礁建设应遵循防止海洋环境污染方面的法律规定。进行岛礁建设的过程中可能伴随着污染海洋环境的风险,因此,各国应当尽可能采取一切措施加以防范。岛礁建设应防止包括船舶来源的污染、海底活动产生的污染、倾倒造成的污染,遵守《海洋环境保护法》的相关规定,以减少污染

---

① 《中华人民共和国环境影响评价法》第 2 条。

的发生。目前,我国《海洋环境保护法》对以上三类污染来源进行了详细规定,配套实施的还有国务院的管理条例。岛礁建设是我国近年来在海洋资源利用中的新领域,尚处于试验的阶段,经验积累不足,在立法和执行上存在一定的问题。出于此种考虑,我国应谨慎对待岛礁建设中的环境问题,经过充分的论证和评估后再进行建设,采用严格的施工建设标准,并在充分实践的基础上进行总结,从而形成可靠的环境标准,为国内法的有效实施提供重要保障。

建立完善的法律体系是履行国际环境法律义务的基础,除此之外,岛礁建设海洋环境保护问题还应当考察对环境保护法律的执行方面。岛礁建设活动处于沿海国领土范围内,依据《公约》项下的规定,其涉及的污染类型包括陆地活动产生的污染、船舶作业过程中产生的船舶污染以及对岛礁周边海底采集泥沙产生的污染三个方面。《公约》在执行部分对以上问题进行了规定,要求缔约国采取必要措施以防止、减少和控制对海洋环境的污染。除完善国内法律体系建设外,制定科学可行的海洋环境保护标准也是国际社会普遍采取的一种方式。我国在南沙群岛部分岛礁的扩建工程,已经依照国内有关法律法规的要求,采取了科学论证、严格环保标准施工、加强监测与评估等措施。①

第一,岛礁建设对海底环境的影响,应符合国际环境法所规定的必要限度。对来自岛礁周边海底的活动,各国可自行制定相关的规则和标准,同时也可适用国际组织或者外交会议制定的国际规则和标准。岛礁建设需要从岛屿附近的海底采集砂石,对岛礁进行"吹沙填海"以扩大岛礁的面积,此沉积环节涉及疏浚物、泥沙的倾倒问题。对此,1996 年《防止倾倒废物及其他物质污染海洋的公约》议定书的"附件Ⅰ"中第 1 条指出:"下列废物或其他物质系可考虑倾倒者,但应注意到第 2 和 3 条中所载的本议定书的目标和一般义务;(1) 疏浚挖出物;(2) 污水污泥。"

第二,国际环境法要求缔约国对来自其国内的陆源污染采取一切必要措施进行防止、减少和控制。具体措施包括通过制定法律规章对以上活动进行约束;制定相应的政策进行协调;等等。我国南沙岛礁的扩建工程经过

① 《南沙岛礁扩建工程不会对海洋生态环境造成破坏》,http://www.soa.gov.cn/xw/hyyw_80/201506/t20150618_38598.html,最后访问日期:2020 年 5 月 18 日。

了科学评估与论证，且这种评估和论证是建立在科学决策和广泛参与的基础上。科学评估与论证的数据资料源于近60年对于区域生态系统特征、物理海洋、地质、地貌的综合考察和研究的积累。根据我国法律法规的要求，在评估和论证过程中，建设方着重分析了岛礁建设规模的适宜性、选址合理性、生态环境影响、渔业资源影响、工程地质、通航可行性等内容。通过对此方案的优劣，尤其是对可能导致的生态环境以及渔业资源的影响，进行了科学预测与评估后，建设方排除了对岛礁海洋生态环境影响大的方案，选择了最优的方案。不仅如此，建设方还多次召开咨询会议，邀请了多名国内知名专家对建设方案的合理性与可行性进行深入论证。[①]

第三，我国的岛礁建设严格依据海洋环境保护的相关标准实施。海洋环境标准是指海洋环境保护法所涉及的在海洋环境保护工作中使用的环境标准。其内容包括海水水质标准、渔业水质标准、污水综合排放标准、船舶污染物质排放标准等。[②] 我国现行的海洋环境通用标准明确规定了海洋环境质量标准、污染物排海标准、海洋污染物处理标准、海洋环境评价标准、海洋生态保护标准，五种标准相互联系、互相制约。[③] 严格的海洋环境保护标准的确立，有效凸显了我国岛礁建设的环境友好性特征，并为解决岛礁建设中的海洋环境问题提供了明确的指引。

综上所述，岛礁建设的主权范围原则为岛礁建设中海洋环境保护管辖权的确定提供了重要依据。岛礁建设是我国对领土范围内的岛礁进行改良和开发的主权活动，是行使国家主权的体现，排他性地适用国内法，故我国享有有关岛礁建设海洋环境污染防治的管辖权，包括对岛礁建设中具体的环境保护标准与法律的适用。关于岛礁建设中海洋生态环境保护的问题，我国国家海洋局已经发布了《南沙岛礁扩建工程不会对海洋生态环境造成破坏》报告，充分说明了我国岛礁建设的施工原理、珊瑚礁生态系统情况、生态评估状况。多种证据表明我国对岛礁的建设是生态建设，未对海域的生态环境造成严重影响，对珊瑚礁生态环境的影响是局部的、暂时的、可控的、

[①]《南沙岛礁扩建工程不会对海洋生态环境造成破坏》，http://www.soa.gov.cn/xw/hyyw_90/201506/t20150618_38598.html，最后访问日期：2020年5月18日。
[②] 马英杰：《海洋环境保护法概论》，海洋出版社2012年版，第119—122页。
[③] 朱庆林：《海洋环境保护》，中国海洋大学出版社2014年版，第86—87页。

可恢复的,并且我国还将对岛礁周边水域的珊瑚礁进行恢复、移植工作,以保护生态系统完整,保持生物多样性。[1]

第三节　岛礁建设环境保护共同体的理想架构

作为半闭海,南海的海洋环境关系中国以及周边国家的生存福祉。随着南海争端的多元化,南海海洋环境管辖权冲突日益显现,例如在所谓的"南海仲裁案"中,菲律宾将矛头指向我国的岛礁建设,认为我国的岛礁建设损害其在专属经济区大陆架的权利,并损害了南海的生态环境。对此,我们应当对岛礁建设海洋环境保护管辖冲突产生的根本原因进行分析,进而分析和借鉴世界范围内区域海洋环境保护模式的经验,从而完善海洋环境命运共同体机制的构建。

一、集体困境:水域岛礁建设环境保护管辖的冲突

《公约》生效,意味着重新对世界海洋资源进行划分。随着专属经济区、大陆架、区域制度的确立,缔约国在不同海洋区域享有的权益纷繁交错,少不了权利冲突。在南海海域,中国与周边国家存在着主权争端和海洋权益争端,海上划界问题尚未得到彻底解决,因此,各国在岛礁建设环境保护管辖权方面存在冲突。岛礁建设中的环境保护管辖冲突主要体现在以下三个层面。

第一,海洋环境保护范围层面的管辖冲突。南海作为半闭海,周边相关国家管辖范围具有一定程度的冲突性。南海是我国四大海区面积最大的一个,南北跨越 3 400 公里,东西宽约 1 200 公里,北到台湾海峡,西部通过马六甲海峡、新加坡海峡,南部经卡里马塔海峡,总面积约 350 万平方公里。[2]南海周边各国均对其相关的领域主张主权,并宣布了 200 海里的专属经济区。因此,在海洋环境保护的空间范围方面,各国在南海的环境保护管辖权

① 《南沙岛礁扩建工程不会对海洋生态环境造成破坏》,http://www.soa.gov.cn/xw/hyyw_90/201506/t20150618_38598.html,最后访问日期: 2020 年 5 月 18 日。
② 任洪涛:《论海域环境保护管辖的冲突与协调》,《河北法学》2016 年第 8 期,第 118—119 页。

存在冲突，并期待通过行使海洋环境保护管辖权的方式，进一步巩固其在南海海域的权益。我国岛礁建设的地理范围处于我国九段线内，我国对此享有无可争辩的领土主权。然而，由于海洋环境的整体性、海水的流动性，周边国家对海洋环境的管辖范围在一定程度上存在着重叠和交叉的情形，进而导致在同一空间范围内的海洋环境管辖权呈现出冲突性。

第二，海洋环境保护对象层面的管辖冲突。南海沿海国对海洋环境保护的管辖内容存在一定程度的冲突。《公约》对海洋环境的保护问题作出了专门的规定，明确了沿海国在不同海洋区域的海洋环境保护义务，以及海洋环境保护的具体内容。岛礁建设涉及陆源污染、船舶污染、倾倒污染等方面，其中，岛礁建设对珊瑚礁生态环境的影响尤为引人关注。菲律宾在所谓"南海仲裁案"中指责中国的岛礁建设对南海的珊瑚礁生态系统造成了严重损害。① 与此同时，中国针对该珊瑚礁生态系统状况发布了《南沙岛礁扩建工程未对珊瑚礁生态系统造成影响》，科学地解释了岛礁建设的原理，并对珊瑚礁生态系统的健康状况作出了准确的评估。②

第三，海洋环境保护主体层面的管辖冲突。一方面，由于南海海域存在的海洋划界争端，海上边界未得到明确界定，导致海洋环境污染责任界限的模糊性，从而增加了跨界环境污染的不确定性，并使得各国在环境问题管辖上表现出任意性。另一方面，在海洋环境保护全球治理的推动下，海域的海洋环境保护机构不断涌现，其中与联合国相关的海洋环境保护机构多达 12 个。③ 其中，部分涉及对岛礁建设活动的管辖，例如联合国海洋事务和海洋法司、联合国经济和社会理事会、联合国开发计划署、联合国环境规划署、联合国教科文组织政府间海洋学委员会、生物多样性公约的管理机构等。但是，众多机构的设立并未带来实质性的进展，这主要是因为各组织间缺乏有效的协调机制，导致在海洋环境保护方面的执行力不足。岛礁建设作为沿海国利用岛屿资源和海洋空间资源的活动，受到"尊重国家主权原则"保护，在平衡海洋环境保护和可持续发展两方面，沿海国的管辖权具有先天的有

---

① The Philippines' Response to Tribunal Enquiry on Reef Damage，http://www.pcacases.com/web/sendAttach/1917，最后访问日期：2020 年 4 月 13 日。

② 丰爱平、王勇智：《南沙岛礁扩建工程未对珊瑚礁生态系统造成影响》，《中国海洋报》2015 年 6 月 10日，第 1 版。

③ 任洪涛：《论海域环境保护管辖的冲突与协调》，《河北法学》2016 年第 8 期，第 118 页。

利条件。

随着人类海洋环境保护意识的不断加强和科学技术水平的不断提高，各国对海洋环境的保护进入了新的历史阶段，沿海国的环境保护管辖权得到重视与加强。《公约》所确立的新的海洋空间秩序，为沿海国行使海洋环境保护管辖权奠定了基础。然而，海上边界的不确定性加剧了海洋环境保护管辖权的冲突态势，对海洋环境保护的整体性和可持续性构成严重阻碍，也为沿海国正当行使国家主权增加了负担。我国的岛礁建设是对上述困境的真实写照，例如，菲律宾在所谓的"南海仲裁案"中提出海洋环境保护诉求，其真实目的在于否定我国对南沙群岛的领土主权，将南沙群岛纳入其专属经济区、大陆架范围。因此，在解决岛礁建设海洋环境保护管辖权冲突的过程中，应当注重维护命运共同体机制，同时应当充分保障我国在相关海域的合法权益。

二、合作基础：海洋环境责任与利益共同的形成

2019 年 4 月，中国国家主席习近平在会见应邀出席中国人民解放军海军成立 70 周年的数十名外国海军代表团团长时提出，要推动构建"海洋命运共同体"。[①] 作为人类命运共同体思想在海洋领域的实践成果，海洋命运共同体强化了国际社会在海洋经济发展、海洋秩序维护和海洋环境保护等方面的国际合作。随着"一带一路"倡议的推进实施，南海作为"海上丝绸之路"的重点区域，构建并完善南海环境保护共同体机制建设，能够深化周边国家在海洋环境保护方面的国际合作，缓和区域内的环境保护管辖权冲突，进而保障南海地区生态环境可持续发展。

中国与东盟国家在保护南海海洋环境方面达成了基本的共识。地球作为人类共同的家园，需要国际法主体之间展开充分合作。有学者提出，中国应积极引领以《南海各方行为宣言》为基础的环境合作机制，但是就《南海行为准则》的现实需求和难度而言，中国与东盟各国虽然一致将海洋环境保护和海洋科学研究视为重要的合作领域，但并未就具体的合作机制取得实质性进展。结合当前情势，中国在南海的岛礁建设已经引起了周

---

① 新华社评论员：《共同构建海洋命运共同体》，http://theory.people.com.cn/n1/2019/0424/c40531-31047292.html，最后访问日期：2019 年 5 月 24 日。

边一些国家的争议。为防止矛盾的激化，我国与有关国家应当在《南海行为准则》的制定过程中就岛礁建设与海洋环境保护方面的问题进行充分的协商，并在推进"一带一路"倡议的背景下，对岛礁建设国际公共服务产品进行推广。

《公约》为南海周边各国间的海洋环境保护国际合作奠定了法律基础。在国际层面，第二次世界大战后广大中小国家纷纷试图扩大沿海国管辖权，尤其是伴随着《公约》的出台，进一步强化了沿海国管辖权的扩大趋势。[①]在区际层面，我国在南海海域享有多种权益，我国对南海的海洋环境保护管辖权覆盖大部分海域，但是与周边国家还没有完成海上划界，由于缺乏判定跨界污染的基础，故在与周边国家邻近和毗邻水域地区存在环境保护管辖权的摩擦。尽管如此，同为《公约》的缔约国，中国与东盟国家在海洋环境保护的国际合作方面具备了坚实的法律基础。因此，我们应当秉承"海洋命运共同体"的理念，坚持"共商共建共享"的原则，利用推进"海上丝绸之路"建设的契机，构建环境保护共同体，化解南海环境保护管辖权冲突，未雨绸缪，为解决我国岛礁建设环境保护问题铺平道路。

"海洋命运共同体"的提出为南海海洋环境保护的国际合作提供了新的契机。环境保护共同体建设是贯彻落实构建"海洋命运共同体"的区域化、专门化的重要体现。"海洋命运共同体"作为人类命运共同体在海洋领域的具体实践，其构建应倡导追求本国利益时兼顾他国的合理关切，谋求共同发展。尽管《公约》明确了沿海国在开发利用海洋资源方面的权利，但在一定程度上阻碍了周边国家对南海环境保护方面的合作，南海环境保护的集体行动的积极性不高，其根本原因在于环境保护共同体机制的缺失。通过"海上命运共同体"的制度构建培育中国与东盟国家的环境利益共同体，进而推进责任共同体的层面的友好往来。

三、域外借鉴：区域性海洋环境保护合作模式的制度选择

南海环境保护共同体合作机制的建设，应借鉴具有代表性的区域海洋环境保护合作的经验。在世界范围内已存在许多具有代表性的区域性海洋

[①] 薛桂芳：《"一带一路"视阈下中国—东盟海洋环境保护合作机制的构建》，《政法论丛》2019 年第 6 期，第 77 页。

环境保护合作机制。作为典型的半闭海,南海的环境保护共同体机制的建设亦应对闭海、半闭海区域的海洋环境保护合作机制进行借鉴,其中比较典型的是地中海模式和波罗的海模式。在两种模式的作用下,其所在的区域海洋环境得到了显著的改善。因此,我国与周边国家环境保护合作机制的构建应当以下述两种模式为借鉴。

（一）综合型海洋环境保护机制的波罗的海模式

波罗的海模式具有海洋环境保护的综合性特点。作为世界上首个综合性的海洋环境保护协议,波罗的海模式首先从双边合作的实践伊始,以1974 年《波罗的海区域海洋环境保护公约》(《赫尔辛基公约》)的签署为标志,此后逐步形成欧盟国家与俄罗斯之间的合作格局。波罗的海的地理环境与南海类似,都属于半闭海,周边国家与沿岸国一样重视各自的海域主张和海上通道,环保合作也始于海洋划界争议未完全解决的情况下。《赫尔辛基公约》确定了由缔约国共同参与海洋环境治理的机制,适用整个波罗的海的海域和生物资源,7 个附件针对具体污染问题和有关技术标准作出了规定。该公约形成的海洋环境保护体系及合作的主要制度安排包括:环境影响评估制度;污染事故的通知和协商制度;信息报告、交换、公开和保护制度;科学和技术合作制度;争端解决制度。根据该公约建立的波罗的海海洋环境保护委员会负责监督公约的执行情况,制定保护措施和方法以及污染控制标准等,以确保实现减少污染的目标。[①]

波罗的海模式协定体系的特点是以总协定作出原则性规定,然后,通过附件调整具体环保规则、标准和程序等,签约国家同时承担总协定及其附件中规定的义务。如果南海合作体系安排借鉴该模式,对于原则性条款达成一致意见较为容易,但对于标准、程序等细节性内容和具体制度的谈判可能会存在一定的难度,例如由于对某一具体问题的协调耗时过长而影响进程,或者出现谈判破裂等情形导致合作机制构建的失败。另外,波罗的海模式下的各个附件对海洋污染问题"一视同仁",重点领域不够突出,在资源有限

[①] 马英杰:《海洋环境保护法概论》,海洋出版社 2012 年版,第 157 页。

的情况下，可能影响合作治理区域海洋环境的效果，需要南海各方在构建合作机制时注意改善。①

（二）框架式海洋环境保护机制的地中海模式

地中海模式是指区域海洋环境治理的法律框架由两部分构成，即采取"公约—附加议定书"的"综合—分立"双层架构模式。地中海沿岸国家众多，政治、经济、文化发展不平衡，各国为保护地中海的海洋环境于 1976 年签署《保护地中海海洋环境和海岸区域公约》（简称《巴塞罗那公约》），并于 1978 年生效。各国在 1995 年对《巴塞罗那公约》进行了修订。② 修订后的《巴塞罗那公约》规定了缔约国的基本义务，确定各种海洋环境保护制度等。《巴塞罗那公约》及其 7 项议定书形成了巴塞罗那公约体系，缔约国在签订框架公约时必须至少批准一项议定书，其后可以根据自身情况批准其他的议定书。③

地中海模式下沿海国的海洋环境保护合作范围进一步深化。将地中海海岸环境与海洋环境进行综合治理是地中海模式的重要特征。1995 年《巴塞罗那公约》在第 1 条规定，将适用范围扩大到缔约方内水的同时，第 3 条第 3 款明确规定："本公约及其议定书的任何内容不损害任何国家与联合国海洋法公约有关的权利与立场"。④ 考虑到地中海沿岸国家履行条约能力的差异，该区域的海洋环保合作采用框架公约加议定书安排，以此方式针对具体情况制定解决方案、实施标准以及程序，使得突出的海洋环境污染问题得到及时有效的解决。

综上，"波罗的海模式"要求签署公约的沿岸国承担同样的保护区域海洋环境的义务，采取相同的保护措施并执行统一的污染防治标准，这一模式并没有对各国履约能力进行综合考量"一刀切"的治理标准不适合应用在南海的海洋环境保护合作方面。南海各沿岸国因所处地理位置差异和经济水

---

① 薛桂芳：《"一带一路"视阈下中国—东盟海洋环境保护合作机制的构建》，《政法论丛》2019 年第 6 期，第 77 页。
② 张丽娜、王晓艳：《论海域环境合作保护机制》，《海南大学学报（人文社会科学版）》2014 年第 6 期，第 49 页。
③ 马英杰、何伟宏：《中国海洋环境保护法概论》，科学出版社 2018 年版，第 258 页。
④ 姚莹：《东北亚区域海洋环境合作路径选择："地中海模式"之证成》，《当代法学》2010 年第 5 期，第 135 页。

平参差不齐对海洋治理存在诸多分歧,通过治理责任均等分配、采取相同措施和执行统一标准来推进南海合作治理有较大困难且不现实,①故针对南海沿岸各国的实际情况在海洋治理领域应借鉴"地中海模式"。作为"公约—附加议定书"的地中海模式,更符合南海地区的地缘政治结构、社会经济水平,并且可以通过附加议定书的方式,对以我国的岛礁建设成果为蓝本,确定岛礁建设中海洋环境保护的相关执行标准等问题。

四、进路展望: 岛礁建设区际规范环境保护规范的构建

作为我国面积最大的海域,南海地区的海洋环境复杂、岛礁众多,独特的自然条件造就了独特的生态系统,南海是生物资源的宝库,但作为半闭海,南海水域水体交换周期长、自身净化能力弱不利于污染物的分解,海洋生态环境脆弱。此外,在资源的开发与环境保护的平衡中,由于缺乏明确的权属划分和有效的区域性法律文件,两者发展不平衡。作为"海上丝绸之路"的重点区域,南海的环境保护问题制约着周边国家的发展,因此,我们应当借助"命运共同体理论"促进中国与东南亚国家在南海环境保护方面的新合作,为国际海洋治理提供新的动力与方向。我国岛礁建设环境保护的区际合作规则的构建需要注意以下三个方面。

第一,借鉴"地中海模式"推进岛礁建设区域立法。岛礁建设环境保护应当作为海洋环境保护合作法律制度中的重要环节,在未来的法律制度中应进行框架和议定书两个层面的布局。在框架层面,作为海洋环境保护的框架公约要确立缔约国在区域内的海洋环境保护义务,对岛礁建设的概念、方法以及具体的制度安排进行规定,例如通知制度、环境污染应急制度、信息公开制度等。在议定书层面,岛礁建设作为新兴的领土利用方式涉及多种污染源的防治,例如陆源污染的防治、船舶污染的防治、倾倒污染的防治。然而,上述部分行为在环境保护公约中被认定为正当行为,且部分国家行为享有主权豁免。对此,笔者认为,可以尝试对岛礁建设制定独立的议定书,并将我国岛礁建设过程所实施的环境保护标准、工程质量标准、生态保护方式写入议定书,一是推进国际法规则的不断创新;二是将中国的岛礁建设作

---

① 侯丽维、张丽娜:《全球海洋治理视阈下"蓝色伙伴关系"的构建》,《南洋问题研究》2019 年第 3 期,第72 页。

为范本,完善岛礁建设的制度规定。

第二,发挥《公约》在管理国际海洋事务中的基础性作用。《公约》作为合作的起点,其对半闭海沿岸国合作的要求构成环境保护合作的法律基础。尽管《公约》关于专属经济区大陆架制度的规定是南海争端加剧的重大诱因,但其作为"海洋宪章",地位在国际法领域举足轻重,并且对海洋环境保护方面作出了详细规定,赋予沿海国、船旗国、港口国保护海洋环境的管辖权。然而,由于南海水域具有一定的特殊性,《公约》缺乏对历史性水域、历史性权利的明确规定。作为处理国家间关系的基本原则,国家主权原则在构建海洋环境保护合作机制的进程中,应充分尊重沿岸各国的环境主权和海洋环境利益,搁置各国的海洋权益争议,共同以最大的诚意和实际行动保护海洋环境。① 岛礁建设直接体现国家主权原则,岛礁建设的目的在于更好地保护海洋环境。因此,还需要更多的区域立法实践。

第三,岛礁建设规则的制定融入"海洋命运共同体"理念。《公约》现有的规定和部分条款具有局限性,各国对《公约》的理解存在分歧,这使得区域海洋环境保护问题的解决不能单纯依靠《公约》的力量。创设新规则以解决区域内的海洋环境保护争端是中国践行"海洋命运共同体"理念重要表现。② 创设岛礁建设环境法制度,能够有效地弥补岛礁建设海洋法规则的缺失。2011 年,帕劳向联合国大会递交提案,呼吁国际社会正视气候变化给包括小岛屿国家在内的全人类带来的致命威胁,希望国际法院通过司法途径加强应对。③ 尽管 2012 年国际法协会成立了"海平面上升委员会",把海平面上升引发的海洋法适用问题、气候难民问题、被淹没国家的法律地位问题列为三大关注议题,但是,国际社会至今尚未制定出全球性的规则,亦未采取实质性的行动。④ 岛礁建设能够有效解决海平面上升引发的海洋法问题,制定岛礁建设规则能够从侧面肯定其生态环境保护的功能,有利于减少国际社会对岛礁建设的误解。

---

① 薛桂芳:《"一带一路"视阈下中国—东盟海洋环境保护合作机制的构建》,《政法论丛》2019 年第 6 期,第 81 页。

② 孙超、马明飞:《海洋命运共同体思想的内涵和实践路径》,《河北法学》2020 年第 1 期,第 193 页。

③ 马博:《海平面上升对小岛屿国家的国际法挑战与应对:"中国—小岛屿国家"合作展望》,《国际法研究》2018 年第 6 期,第 48 页。

④ 马博:《海平面上升对小岛屿国家的国际法挑战与应对:"中国—小岛屿国家"合作展望》,《国际法研究》2018 年第 6 期,第 60 页。

第五章
岛礁建设对航行自由的制度保障

作为全球重要的国际航运通道,南海具有航行状况复杂、航行船舶密度大的特点。中国岛礁建设的重要作用在于,为过往船只提供更为全面的航行安全保障,最大限度地保障水域的航行自由,中国的岛礁建设未增加任何国家在南海的航行安全风险。所谓岛礁建设对航行自由的阻碍,其实质是军舰在岛礁周边水域航行权的行使问题。我们需要明确航行自由的权利界定,以此为基础为岛礁建设中航行权的行使确定理论边界,并分析岛礁建设对航行自由的保障作用如何体现在海上安全的维护方面,进一步提出岛礁建设未来在维护航行自由中的功能构想。

第一节　岛礁建设中航行自由的界定

航行自由的理论渊源具有悠久的历史,无论是在近代国际法还是在现代国际法中,航行自由都是海洋自由的重要内容之一。回顾航行自由发展的历史轨迹,推动航行自由制度不断演变发展受到诸多因素的限制,海洋自由论正是基于当时海洋秩序不平等的现实状态下所产生的。在探讨岛礁建设议题所涉及周边水域过往船只的航行自由的保障问题时,我们需要充分结合岛礁建设的具体内容与航行自由制度,经过分析后得出最终结论。

一、沿岸国主权与航行自由间的制度张力

航行自由是国际习惯法中的一个原则,即除国际法规定的例外情况,悬

挂任何主权国家旗帜的船舶不受来自其他国家的干扰。也有学者指出，所谓的航行自由是指每个国家，无论是沿海国还是内陆国，均有权在公海上行驶悬挂其旗帜的船舶，船舶在公海上除受船旗国管辖外，不受其他国家的管辖或支配，不受任何强制性海上礼节的拘束，也不承担交纳任何通行税的义务。① 航行自由作为海洋自由的重要原则，源于格劳秀斯的《海洋自由论》，即海洋作为人类共有物，应当向所有国家开放，任何国家不得独占海洋，所有国家都有利用海洋进行航行和海上运输的自由。② 1702 年，荷兰法学家宾刻舒克将海洋分为领海和公海，主张领海属于沿岸国的主权管辖，而公海则不属于任何国家。③ 19 世纪末，美国著名海洋战略思想家马汉的《海权论》指出："主权国家是空间之中陆地性的概念，与其相对立的是另外一个广阔的空间，即海洋。两者间的对立关系由此而生，一个是国家的、封闭的、疆界的空间概念；另一个是自由的、摆脱国家的、海洋的空间概念。"自此，航行自由制度逐渐走向成熟。④

《公约》的诞生为航行自由增加了制度约束，航行自由受到的限制增加。时间进入到 20 世纪，三次联合国海洋法会议的召开，缔结了一系列国际条约、公约，海洋法制度逐渐走向成熟的同时，海洋自由原则被保留下来，航行自由成为《公约》中最重要的原则。1958 年的《公海公约》与《公约》第 87 条明确规定了航行自由。随着《公约》中领海、专属经济区、大陆架等制度的确立，航行自由的范围逐步缩小，公海海域的航行自由被充分保留。公海航行自由是指所有国家的船舶，无论商船或军舰均有权在公海上自由航行；除受其本国的专属管辖外，航行不受他国的干扰或阻碍。公海航行自由不仅适用于贸易航行，而且适用于符合《联合国宪章》用于和平目的的军用航行。⑤纵观航行自由制度的发展，航行自由逐渐发展成为一种权利，即使在公海海域，航行自由也受到《公约》的限制，并非绝对的自由。

岛礁建设中航行自由的实质应理解为岛礁周边水域航行权的行使。岛

---

① 马呈元：《国际法》，中国人民大学出版社 2019 年版，第 386 页。
② ［荷］格劳秀斯：《论海洋自由或荷兰参与东印度贸易的权利》，马忠法译，上海人民出版社 2005 年版，第 9 页。
③ ［美］马汉：《海权论》，李少彦、董绍峰、徐朵等译，海洋出版社 2013 年版，第 64 页。
④ 袁发强：《航行自由的国际法理论与实践研究》，北京大学出版社 2018 年版，第 28 页。
⑤ 贾宇：《南海航行自由：问题、规则与秩序》，《亚太安全与海洋研究》2019 年第 3 期，第 65 页。

礁建设中的航行自由问题主要源于中美两国关于历史性权利的不同看法与《公约》中"自由航行原则"的不同解释。[①] 2015 年以来,美国在南海多次进行"航行自由"活动,在奥巴马执政期间,美国海军先后 4 次在南海海域实施"航行自由"行动,截至 2019 年 2 月 11 日,美国军舰已 10 次假借"航行自由"闯入我国岛礁 12 海里范围内水域。[②] 随着我国岛礁建设取得阶段性成果,中国对岛礁管控能力显著提升。就美国"航行自由行动"实施的实际情况而言,其实质为军事入侵我国岛礁周边水域领海的行为。依据《公约》对领海航行通过制度的规定,外国商船通过领海时享有无害通过权。对于领海而言,外国军舰在领海是否有无害通过权在国际法上并未明确。[③] 岛礁建设依据国家主权范围原则实施,进行建设的地理范围位于我国领土主权范围之内,周边水域的性质为领海。我国 1992 年《领海及毗连区法》明确规定,外国军用船舶进入中华人民共和国领海,须经中华人民共和国政府批准。因此,美国以航行自由为借口,将军舰驶入我国岛礁领海水域内的行为不属于航行自由的范畴。

二、岛礁周边水域的航行权的构成

《公约》旨在构建海洋秩序的"宪法性框架",以此为基础确立治理海洋的法律秩序。《公约》对海洋法体系的区分已由"日内瓦海洋法公约体系"的"二元论"发展到"多元论",公海面积缩减,国家管辖海域范围增加,沿岸国对其管辖海域范围内航行的过往船只享有沿岸国的管辖权,同时也负有保护过往船只航行安全的义务。岛礁建设具有主权活动的性质,是主权国家利用岛礁资源和海洋空间资源的行为。依据《公约》规定,不同性质的海洋区域适用的通行制度也有所不同。

(一)无害通过权

无害通过权是沿海国基于国际社会航行安全和便利的考虑而对领海主

---

① 何志鹏、王艺玙:《对历史性权利与海洋航行自由的国际法反思》,《边界与海洋研究》2018 年第 3 期,第 98—114 页。
② 邢瑞利:《美国对"航行自由"问题的安全化建构及中国应对》,《太平洋学报》2019 年第 4 期,第 39 页。
③ 袁发强:《航行自由的国际法理论与实践研究》,北京大学出版社 2018 年版,第 69 页。

权进行一定程度的限制，准许他国在不损害和平、良好秩序或安全的条件下通过本国领海。《公约》第 17 条规定："在本公约的限制下，所有国家，不论为沿海国或内陆国，其船舶均享有无害通过领海的权利。"其中关于"通过"存在三种解释：一是单纯穿过沿海国的领海，不进入内水或者停靠内水以外的泊船处或港口设施；二是从沿海国内水或泊船处驶出；三是驶入或停靠沿海国内水或内水以外的泊船处或港口设施。《公约》第 19 条第 2 款列举了多种损害沿海国和平、良好秩序或安全的情形。

（二）过境通行权

《公约》在第三部分"用于国际航行的海峡"制度确立了过境通行权。国际海峡作为国际海洋航行的交通要道，在海峡中的航行和飞越自由对世界各国而言十分重要。海洋法的不断发展导致领海制度出现重大变化，目前 12 海里领海宽度的确立源于国际习惯规则。在用于国际航行的海峡中，所有船舶与飞机均享有继续不停和迅速过境的目的的航行和飞越自由。《公约》明确提出了过境通行的船舶和飞机需要遵守的义务：迅速不间断航行或飞跃义务、不对海峡沿岸国的主权和领土完整或政治独立，进行任何武力威胁或使用武力义务等。

（三）群岛水域通过权

群岛国的主权及于群岛水域，包括水域的上空、海床和底土，以及其中所包含的资源。《公约》第 53 条规定了群岛海道通过权，指外国船舶和飞机享有的"在公海或专属经济区的一部分和公海或专属经济区的另一部分之间继续不停、迅速和无障碍地过境的目的，行使正常方式的航行和飞越群岛国的群岛水域和邻接的领海的权利"。

外国船舶和飞机在群岛海道中的航行需要履行诸多义务。例如，必须继续不停、迅速地通过群岛水域和邻接的领海；在群岛国制定了海道和空中航道的情况下，外国船舶和飞机在通过时不应偏离海道和空中航道的中心线 25 海里以外，在航行时与海岸的距离不应小于海道边缘各岛最近各点之间距离的 10%。在群岛国没有指定的情况下，外国船舶和飞机可以行使群岛海道通过权。

（四）专属经济区的航行自由

专属经济区的概念最初是由肯尼亚于1971年向亚非法律咨询委员会和在1972年向联合国海底委员会先后提出的。[1] 与此同时，拉丁美洲国家开始提出"承袭海"的概念。这些做法受到了发展中国家的支持和发达国家的反对。在《公约》体系内，专属经济区概念的出现是妥协的产物。专属经济区航行自由更是沿海国与海洋大国利益冲突的爆发点。

专属经济区的航行自由以公海航行自由为内容。《公约》第58条规定："在专属经济区，所有国家，不论为沿海国或内陆国，在本公约有关规定的限制下，享有第八十七条所指的航行和飞越的自由。"因此，许多海洋大国据此主张专属经济区中的航行和飞越自由就是公海自由。[2] 但是，专属经济区航行自由并不能等同于公海自由，前者在权利行使方面受到更多限制。

（五）历史性航行权

历史性航行权，是指基于历史性权利可以在特定水域享有无害通过的权利。历史性航行权是一项历史上的事实性权利，是对航行权长期、有效行使的结果，即使根据直线基线规则使某些海域具有了内水性质，也不能妨碍他国对历史性航行权的行使。历史性航行权以历史性海湾和历史性水域为基础。在国际社会的实践中，各国主张历史性海湾的理由通常是：该海湾历史上便作为自己的内水，一直被视为本国领土的组成部分，并长期、连续、有效地对其行使主权，且已经得到了其他国家的默认，从而对历史性海湾取得了权利；但如果是基于直线基线规则，将原本是公海的海域被包围在内形成内水，此前这片水域内的无害通过权已经成为其他国家的确定权利，则他国船只在这片海域依然享有无害通过权。

总之，航行自由是一个富有生命力的古老命题。随着科技进步、人类对海洋开发利用能力的提高和国际法和海洋法的发展，航行自由的内涵正不断被丰富和更新。历史发展到今天，人们很清楚地认识到航行自由不是绝对的自由和放任。在以《公约》为代表的现代海洋法制度下，航行自由是一

---

[1] 贾兵兵：《国际公法：和平时期的解释与适用》，清华大学出版社2015年版，第301页。
[2] 贾宇：《南海航行自由：问题、规则与秩序》，《亚太安全与海洋研究》2019年第3期，第66页。

种在不同海域中受到不同规制的、有限行使的航行权。其中，领海的无害通过权依然处于争论和发展之中，并引发了国际实践中的诸多问题。

三、岛礁建设中航行安全的动因分析

中国对包括西沙群岛和南沙群岛在内的诸岛及其附近海域拥有无可争辩的主权。目前，中国政府已经公布了西沙群岛的直线基线，今后会公布其他岛屿的基点基线。① 美国在南海水域实施"航行自由行动"，目的在于干扰我国岛礁建设，挑战其认定的他国"过度海洋权利主张"。主要体现在以下三个方面。

第一，中美双方对水域性质的认识基础不同。中国对断续线水域主张主权性质的历史性权利。贾宇认为，历史性权利从内涵角度考量，包括历史性所有权、传统捕鱼权、历史性航行权；② 从空间的角度考量，包括历史性水域、历史性海湾、群岛水域等。曲波认为，历史性权利具有国际习惯法的地位，历史性权利包含历史性所有权，但对历史性权利的具体含义还应根据具体个案和上下文确定，有时历史性权利和历史性所有权所指的正是同一种性质的权利。③ 美国认为中国对断续线内主张的权利为"过度海洋权利主张"，其通过在南海实施"航行自由行动"挑战我国在南海水域的历史性权利，企图利用航行自由问题否定我国对岛礁的领土主权，并试探岛礁周边水域的性质。

第二，军舰无害通过制度在岛礁周边水域的可适用性。关于外国军舰无害通过权的争议，主要在于外国军舰通过领海是否应当取得沿海国的批准。从国家实践上来看，海洋大国例如美、英、法、德、俄等国多主张军舰应享有与商船同样的无害通过权；坚持军舰必须经过沿海国事先授权、许可或通知才能通过其领海的多为发展中国家。我国《领海及毗连区法》第6条规定："外国非军用船舶，享有依法无害通过中华人民共和国领海的权利。外国军用船舶进入中华人民共和国领海，须经中华人民共和国政府批准。"④

---

① 傅崐成、郑凡：《群岛的整体性与航行自由：关于中国在适用群岛制度的思考》，《上海交通大学学报（哲学社会科学版）》2015年第6期，第13页。
② 贾宇：《中国在南海的历史性权利》，《中国法学》2015年第3期，第190页。
③ 曲波：《国际法上的历史性权利》，《吉林大学社会科学学报》2015年第5期，第70页。
④ 《中华人民共和国领海及毗连区法》第6条。

　　第三,中国对南海管控能力的增强,阻碍了美国战略的实施。美国奥巴马政府时期制定了"亚太再平衡战略",并在中国专属经济区展开军事测量,巩固与亚洲传统盟友的军事伙伴关系,加强在西太平洋等地区的军事部署,频繁与周边国家进行军演。特朗普政府则将南海问题、台湾问题作为对中国要价的条件。其执政期间,美国军舰多次进入南海,穿越南沙岛礁后进入部分岛礁的12海里,甚至进入我国西沙群岛的直线基线。随着中国岛礁建设计划的推进,美国在南海水域的"航行自由行动"变得愈发频繁,美国甚至否定岛礁的法律地位,以所谓的"航行自由行动"原则主张其军舰航行和军事活动的合法化,企图以此挑战中国在南海的历史性权利。①

　　综上所述,中美之间在航行自由方面主张的权利基础、内容与目的都存在本质上的区别。岛礁建设导致航行自由受阻实际上是个伪命题。② 中国既是最早的航道和平利用者,也是自由航行的践行者和维护者。中国和周边国家隔海相望,环海而居,南海既是这些国家相互之间及与世界各国友好往来的必经之海,也是韩日等东北亚国家重要的商贸航线。"超过八成的中国对外贸易依赖海上航路,至少五成经过南海。60%以上的中国能源进口经过南海。可以说,中国改革开放的巨大成就得益于海上稳定和开放,中国是世界海洋航行自由的受益者和坚定维护者。"③

第二节　岛礁建设中航行权的效力边界

　　以《公约》为核心,其他公约和国际习惯法为补充的国际海洋法律制度改变了"航行自由"的传统意涵,其从对"自由的"关注转为对"航行"的规范。一方面,《公约》诸多航行制度的确立,试图在沿海国管辖权与航行自由两者之间寻求一个最佳的平衡点,使两者的权利义务得到完美的统一。另一方面,岛礁建设技术的成熟,使孤悬海外的岛礁重获新生,为沿海国开发利用远洋岛

---

① 曹文振、李文斌:《航行自由:中美两国的分歧与对策》,《国际论坛》2016 年第 1 期,第 22 页。
② 余敏友、张琪悦:《岛礁建设对维护我国主权与海洋权益的多重意义》,《边界与海洋研究》2019 年第 2 期,第 34—55 页。
③ 郑实:《美国"航行自由行动"的法理根基与双重本质:兼论中国的因应之道》,《武大国际法评论》2020 年第 1 期,第 54 页。

屿提供了可能。随着沿海国对远洋岛屿控制加强，进行主权活动的方式增多，可能会对周边海域的航行环境造成影响，进而影响其他国家航行权的行使。

一、中国在岛礁周边水域的航行管辖权

针对南海争端长期性、复杂性的特点，中国的立场由"搁置争议，共同开发"转向"保持抗议，共同开发"。在此情形之下，中国亟须在国际法框架下维护好中国在南海的领土主权和海洋权益，与此同时，更应避免对他国的航行自由造成不利影响。我国开展岛礁建设的权利基础源于对岛礁的领土主权。领土主权对海洋法中航行制度的影响主要体现在沿海国管辖权。

（一）国家安全管辖权

在沿海国领海范围内，外国船舶不得从事有害的活动，不得影响沿海国的和平、良好秩序或安全；《公约》对领海无害通过的意义中明确提出了 12 种有害行为，沿岸国的管辖权包括但不限于其明确列举的 12 种行为。

（二）立法管辖权

沿海国依据《公约》和其他国际法规则，有权对下列或任何一项制定关于无害通过的领海的法律和规章：航行安全及海上交通管理；保护助航设备和设施以及其他设施或设备；保护电缆和管道；养护海洋生物资源；防止违反沿海国的渔业法律和规章；保全沿海国的环境，并防止、减少和控制该环境受污染；海洋科学研究和水文测量；防止违反沿海国的海关、财政、移民或卫生的法律法规和规章。沿海国的法律法规和规章除使一般接受的国际规则或标准有效外，不应适用于外国船舶的设计、构造、人员配备或装备。沿海国应将所有这种法律和规章妥为公布。行使无害通过领海权利的外国船舶应遵守所有这种法律和规章以及关于防止海上碰撞的一切一般接受的国际规章。

（三）沿海国的保护权

沿海国可在其领海内采取必要的步骤以防止非无害的通过。在船舶驶往内水或停靠内水外的港口设备的情形下，沿海国也有权采取必要的步骤，以防止对准许这种船舶驶往内水或停靠港口的条件的任何破坏，例如在为

保护国家安全(包括武器演习在内)且有必要的情形下,沿海国可在对外国船舶形式上或事实上不加歧视的条件下,在其领海的特定区域内暂时停止外国船舶的无害通过。这种停止仅应在正式公布后发生效力。

（四）沿海国的收费权

沿海国可以对外国船舶通过时提供相应的航运服务,并收取额外费用。服务费用仅可作为对该船舶提供特定服务的报酬而征收。征收上述费用不应有任何歧视。

（五）沿海国对商船的刑事管辖权

尽管沿海国不应在通过领海的外国船舶上行使刑事管辖权,以逮捕与在该船舶通过期间船上所犯任何罪行有关的任何人或进行与该罪行有关的任何调查。但是,对以下情形的刑事管辖权属于例外：罪行的后果及于沿海国；罪行属于扰乱当地安宁或领海的良好秩序的性质；经船长或船旗国外交代表或领事官员请求地方当局予以协助；这些措施是取缔违法贩运麻醉药品或精神调理物质所必要的。

（六）沿海国对商船的民事管辖权

沿海国不应为对通过领海的外国船舶上某人行使民事管辖权的目的而停止其航行或改变其航向。沿海国不得为任何民事诉讼的目的而对船舶从事执行或加以逮捕,但涉及该船舶本身在通过沿海国水域的航行中或为该航行的目的而承担的义务或因而承担的责任不在此限。

目前,我国西沙群岛已经划定了领海基线,然而,美国多次实施"航行自由行动",这既是对我国西沙群岛领土主权的挑战,也是为其反对所谓的中国"过多性海洋权利主张"做"背书"。在 2019 年 3 月 19 日公布的《2018 财政年度航行自由报告》中,美国不仅标示了其军舰擅闯活动的地理位置,而是首次明确列举其挑战的我国国内立法,包括立法的名称及实施年份。①

---

① Annual Freedom of Navigation Report，Fiscal Year 2018. US Department of Defense，March 19，2019. https://policy. defense. gov/Portals/11/Documents/FY18％20DoD％20Annual％20FON％20Report％20(final).pdf.

二、岛礁建设对航行自由的保障义务

岛礁建设是我国维护主权的重大创举，一定程度上改变了我国在争端中相对不利的地位。我国多次明确表示，中国的南沙群岛建设完全是主权范围内的事情，不影响任何国家的航行自由。《公约》以及其他国际法规定赋予沿岸国管辖权的同时，也对沿岸国提出了维护航行自由的义务要求，结合岛礁建设领域的国家实践，主要包括以下几个方面。

（一）禁止妨碍义务

不妨碍外国船舶无害通过领海是沿海国无害通过制度得以发挥其效用的前提。在 1930 年的国际海洋法编纂会议上，会议草案第 4 条明确指出："禁止毗邻沿海的国家对其领海行使无害通过权的外国船舶设置障碍。"1958 年《领海及毗连区公约》第 15 条规定，沿海国不得阻碍领海中之无害通过。1982 年《公约》进一步明确了沿海国的义务，其第 24 条规定，毗邻沿海的国家禁止妨碍外国船舶无害通过领海。在适用《公约》或依据《公约》制定的任何法律法规或规章时，沿海国不应对外国船舶强加要求，其实际后果等于否定或损害无害通过的权利。

关于无害通过的适应对象是否包括军舰，在国际法领域尚未形成统一的国际习惯。《公约》第 29 条明确"军舰"的概念："属于一国武装部队，具备辨别军舰国籍的外部标志、由该国政府正式委任并名列相应的现役名册或类似名册的军官指挥和配备有服从正规武装部队纪律的船员的船舶。"关于军舰的法律地位体现了部分习惯国际法规则。在军舰无害通过领海的问题上主要存在六种基本原则：事先通知原则、事先许可原则、有数量限制的通过、有航线限制的通过、互惠通过原则、完全自由原则。[1] 综合以上多种关于军舰无害通过制度的国家实践，外国军舰无害通过领海没有形成国际习惯法规则。我国《领海及毗邻区法》第 6 条规定："外国军用船舶进入中华人民共和国领海，须经中华人民共和国政府批准。"[2]

---

[1] 张国斌：《无害通过制度研究》，华东政法大学博士学位论文，2015 年，第 113—114 页。
[2] 《中华人民共和国领海及毗连区法》第 6 条。

（二）非歧视性义务

《公约》第 24 条第 1 款明确规定,毗邻沿海的国家应该对所有其他主权国家的船舶一视同仁,采用相同的标准对待之,不应该厚此薄彼,在事实上或形式上有任何的歧视。这是国家主权平等这一基本国际法原则的体现,国家不分大小、人口多少、军事实力强弱等都享有平等的地位。《公约》还强调了毗邻沿海的国家对外国船舶上的货物也应该平等待之,这是一种原则上的规定,如果船上所载货物是违禁品或者根据国际法或联合国文件应该予以扣押、冻结的货物,则应该区别对待。《公约》第 26 条第 2 款规定,无害通过权是外国船舶享有的国际法权利,毗邻沿海的国家决不能仅以通过领海为理由来征收通过费,但是如果毗邻沿海的国家为行使无害通过权的船舶提供了特定服务,针对此服务,毗邻沿海的国家是可以征收费用的,而征收费用也应该一视同仁,不应该针对不同国家的船舶采取不同标准征收服务费。

（三）安全保障义务

航道的安全乃是其他国家顺利通过领海的权利保障。沿岸国基于人道主义、航行自由原则、一国不得允许其领土被用于损害他国权利行为的考虑,有不影响领海内航行安全的义务。在 1949 年"科孚海峡案"中,国际法院为沿岸国施加了保障航道安全的义务,并指出沿岸国的严重不作为会导致沿海国的国际责任。沿海国有义务将其知晓的领海内存在的潜在航行危险,通知其他航行国家。1958 年《领海及毗邻区公约》明确指出:"对于领海内航行危险的状况,毗邻沿海的国家必须公之于世,并且以适当而合理的方式。"岛礁建设要严格避免对航运线路的干扰,建设应当考虑对周边海上运输线路的影响。沿岸国进行岛礁建设时需要明确发布警示公告,以避免周边水域航行船只陷入危难。安全保障义务与信息公开义务存在一定程度的联系,沿海国需要审慎对待其领海范围内的潜在威胁航行安全的因素,及时发现和公布相应信息是对安保义务的执行。因此,笔者认为岛礁建设的安保义务应以确保周边水域的航行安全为核心。

（四）信息公开义务

沿海国将其领海范围内危险情况公布给其他国家的义务源于 1949 年

"科孚海峡案"。在该案中，一支由两艘巡洋舰和两艘驱逐舰组成的英国舰队由南向北驶入阿尔巴尼亚领海的科孚海峡北部，其中两艘驱逐舰触水雷爆炸，造成英国舰队 82 名船员的死伤。国际法院认为，阿尔巴尼亚的领海中出现了水雷，阿尔巴尼亚政府必定知道这一情况，因为这是阿尔巴尼亚的领海，是阿尔巴尼亚主权及于的地方。阿尔巴尼亚享有在领海中的主权权利，也承担了无可推卸的义务，也就是应当把阿尔巴尼亚领海中存在水雷这一事实公之于世，以确保通过阿尔巴尼亚领海的外国船舶知晓这一危险情况。这一无可推卸的义务是由国际法上普遍承认之原则而产生，包括海洋航行自由原则、国家不得允许其领土被用于损害别国权利之行为以及国际人道主义。此外，国际法院特别指出，应当把船舶航行危险和航行困难这两种情况区别对待，虽然二者措辞相似，但语义存在区别。航行困难是指对无害通过船舶所运载的货物或乘客存在来自天气或其他特殊情况的威胁；而航行危险是指船舶本身所面临的灾难性紧急情况。

综上所述，沿海国在岛礁建设中对航行自由的保障义务，主要体现在以上义务的贯彻和落实中。由于领海作为沿岸国享有完全主权的海域，沿海国对其领海的支配处于绝对的地位，有义务确保周边海域无害通过制度的实施和保障他国船只通过领海的航行安全。岛礁建设是行使领土主权的体现，同时受到上述义务的严格约束。笔者认为，就岛礁建设与航行自由的权利衡量而言，领土主权应当优先考虑，在航行安全和自由的保障问题上，可通过落实信息公开制度和分道通航制来解决。《公约》第 22 条第 4 款指出："毗邻沿海的国家为无害通过的外国船舶指定海道或者规定分道通航之办法，应当使得外国船舶知晓这一情况。"①而我国也在相关法律中规定了分道通航制，具体的信息由我国国家海事局公布。因此，可以考虑在岛礁周边水域实行分道通航制度，以确保周边水域的航行安全和航行自由，此行为也可以宣示我国在岛礁周边水域的主权。

三、岛礁建设对航行权保障义务的实现

岛礁建设是我国对岛礁及领海行使主权的体现，国际法赋予了主权国

---

① 《联合国海洋法公约》第 22 条。

家对自然资源永续利用的权利,同时也要承担国际法设定的义务。目前,我国岛礁建设取得了阶段性成就,助航设备、救援设施等工程设施的建设为过往船只提供了安全保障,使得国际公共服务的能力显著提升。事实证明,中国的岛礁建设有利于保障航行自由。

（一）我国的岛礁建设是行使国家领土主权的体现

中国对所建设的岛礁享有无可争辩的主权,中国的岛礁主权具有充分的法律、历史和事实法理依据。作为国家主权行使和展示的需要,在不影响周边其他国家合法权益的前提下,中国的岛礁建设完全是主权范围内的事情,不受其他国家的干涉。首先,岛礁建设在领土争端中起到了宣示作用。作为一种排他性的建设开发活动,我国以完善海域航行安全建设的行为昭告世界,中国是这些岛礁的合法所有者。其次,中国需要实施岛礁建设以应对他国的非法侵占。当前,一些国家利用中国在海洋划界争议中秉承的善意,非法侵占中国的岛礁,[①]企图通过侵占方式形成"有效控制",并以此主张对其侵占的岛礁享有领土主权。为防止这一后果的发生,中国需要进行岛礁建设。最后,岛礁建设是行使正当防卫权的必要条件。我国岛礁建设多次被美军炒作为"军事化"问题或"问题军事化"的前奏,并以此为由认定我国岛礁建设危害航行自由。尽管岛礁建设中的工程建设包括军事工程建设,但中国的军事建设体现了防卫功能,不针对任何国家。当国家的主权和安全权益受到外国威胁时,国家有"自保权"。[②]

（二）岛礁周边水域的通行制度不因岛礁陆地面积的变化而改变

岛礁建设本质上构成领土添附,不会对周边水域的航行秩序造成影响。美国提出中国岛礁建设影响航行自由的论断完全是主观臆断。根据其主张的理由,中国的岛礁建设增加了一些无人居住岛礁的面积,扩大了中国的海洋空间;扩建的后果是造成他国海洋权益范围的减少,并使原本不享有领海、专属经济区、大陆架的水下地物拥有了等同于岛屿的海洋权益。对此,我国

---

① 管建强:《"南海仲裁案"后续法律应对的关键问题研究》,《中国法学》2016 年第 5 期,第 58 页。
② 梁西:《国际法》,武汉大学出版社 2015 年版,第 72 页。

多次明确回应,中国对岛礁的建设是行使领土主权,中国从未以此为依据主张过分的海洋权益。具体而言,一方面,中国的岛礁建设行为是在相关的岛礁原有基础上采取的相应的吹填和建设行为,中国的岛礁建设不是在公海上建造全新的人工岛屿,而是在享有主权的岛礁上采取的建设行为。另一方面,中国没有利用岛礁建设扩大自身享有的海洋权益。我国的岛礁建设与日本"冲之鸟"的扩建存在本质上的区别,中国的岛礁建设扩大了岛礁的陆地面积,但并未以此为权利基础主张额外的海洋权益。因此,对周边水域航行制度不构成影响,周边水域的通行制度不会因岛礁建设的结果而发生改变。

（三）中国岛礁建设是和平利用海洋空间资源的行为

岛礁建设主要服务于民事活动,部署相应的军事设施是出于防御性的要求。《公约》要求沿海国在利用海洋资源的过程中应当秉承"和平的目的",中国的岛礁建设符合"和平的目的"的要求。中国的岛礁建设集中体现在港口、灯塔、气象站、机场等民用设施建设方面,目的在于完善岛礁的生存环境和基础设施,军事设施建设仅占很小的一部分。岛礁民事功能的完善为将来海域的海上搜救、海难救助奠定了坚实的基础,为水域的航行安全提供了物质保障。与中国岛礁建设相反,美国的"航行自由"难以掩盖其"横行自由"的本质,作为南海地区以外的国家,其不断加强军事部署,威胁地区和平稳定。

（四）中国岛礁建设在为过往商船提供航运公共服务方面发挥越来越重要的作用

南海海域面积超过350多万平方公里,作为世界上最为繁忙的海域之一,每年有数十万艘商船在该海域航行。随着航运量的增长,国际航运业对航运服务的需求也显得尤为紧迫。"马航MH370事件""暴露了广袤海域中海上搜救不及时的问题"。为了给过往商船提供搜救、避难、信息等航运服务,中国作为最大的沿海国,有权利更有义务为国际社会提供公共服务。"中国在驻守岛礁上已经建设的灯塔,以及即将建设的气象观察预报、渔船避风救险应急设施"都可以服务于国际航运业。[①] 可见,中国在用实际行动

---

① 《发展中的中国和中国外交：王毅在美国战略与国际问题研究中心的演讲》,https://www.fmprc.gov.cn/web/wjbz_673089/zyjh_673099/t1343410.shtml,最后访问日期：2020年5月18日。

切实维护南海的航行自由与安全。

第三节 协调岛礁建设与航行争端的中国立场

国家对海洋资源的利用不能减损其他国家的利益,因此,海洋曾经被视为"全球公域",海域管理和海洋资源的养护被视为"公共物品"。主权国家开发利用海洋资源的主权行为往往与航行自由等国际公共利益相冲突。而岛礁建设属于海洋资源、空间资源利用的新形态,被视为对人类共同利益的损害。随着我国岛礁建设的不断推进,以及"一带一路"倡议的实施,中国需要确定岛礁建设与航行自由的基本立场。

一、完善国内法推进航行秩序共建

从协调岛礁建设与航行自由的视角出发,两者在目的上具有共同的价值追求。中国一直面临来自美国"航行自由"的挑战,国内学者对"断续线"的性质界定到水域性质的界定,再到沿岸国的历史性权利的研究,为航行自由构建了理论框架。依据岛礁建设主权活动的特性,我国应当在国内法层面确定其在航行秩序构建方面的规则。

(一)完善岛礁建设与航行自由的国内法机制,形成内外一致的立场

通过完善国内法对航行自由与岛礁建设两者关系的协调机制,使其符合《公约》授权沿海国制定有关领海无害通过的相关制度的法律法规的规定。航行自由不是绝对的自由,在现行《公约》确定的航行制度体系下,航行自由逐渐向航行权发展。航行自由的体系化模式是对航行自由的限制与资源开发限制的融合。① 岛礁建设体现了沿海国对领土以及领海的利用,而领海内的无害通过则受到诸多限制。因此,航行自由的国内法制度可以明

---

① 马得懿:《海岛主权争端适用有效控制规则的国内法逻辑》,《法律科学(西北政法大学学报)》2014 年第 6 期,第 86—96 页。

确规定岛礁建设活动需要合理限制航行自由的情形、条件以及采取的措施。

（二）强化海洋资源开发与管理法律制度，为岛礁建设与航行自由有效协调提供制度保障

岛礁建设作为海洋资源利用活动，与其他海洋资源利用活动一样既有共性又有其独特的个性。在以往海洋资源开发管理类法律制定中，空间资源的开发利用没有得到应有的重视，主要的海洋资源利用与管理类法律以生物和非生物资源的利用为主，例如《渔业法》《海洋环境保护法》《物权法》等。我们应当充分注重海洋空间资源利用制度的体系化，防止海洋空间资源开发因国内法的碎片化而出现交叉管辖，甚至制度冲突。岛礁建设作为海洋空间资源的利用活动，需要严格控制实施范围、具体开发措施与程序，防止岛礁建设影响周边水域的正常航行，或者侵蚀航行自由而构成对国际法的违反。

（三）完善岛礁周边海域通行制度，确保岛礁建设的安全实施

主权国家自然资源利用的权利基础为国家主权，属于领土法制度范畴。而航行自由则以海洋权利为基础，属于海洋法制度范畴。《公约》意图通过较为模糊化的表述弥合两种法律制度之间的权利冲突，同时，《公约》针对不同海域设定了不同的航行通过制度，并规定了航行需要遵守的义务。沿岸国提供航行自由便利的同时，行使航行自由权利需要尊重沿岸国的主权。将此项义务引申到岛礁建设议题上，则可以理解为行使航行权负有不干涉沿岸国岛礁建设活动的义务。

二、完善岛礁海上搜救功能建设

为保障南海远端的航行安全和生态环境以及维护国家的海洋权益，中国需要在有关岛礁建设搜救基地。因此，中国应统一规划、科学布局，在西沙和南沙建设成果的基础上完善岛礁建设的搜救功能建设。

（一）海域通航条件复杂多变，海域航行安全受到传统与非传统因素的制约

南海海域面积达350多万平方公里，作为西太平洋沿岸国最多、国际航

运最繁忙和生态环境最多样化的半闭海,南海有着"亚洲地中海"之称。航行安全面临台风、暗流、浅滩等传统安全因素的威胁。近年来,随着航运价值的不断提升,海难发生的事件持续增加,国际海事组织数据显示,近 30 年来发生在南海的事故中,与中国有实质联系的海难占比为 44.9%;另据主要负责搜救任务的交通运输部救助局的官网介绍,该局自 2003—2017 年,共执行救助任务 3 770 起,成功救援遇险船舶 1 063 艘(外籍船舶 124 艘),救助遇险人员 16 139 人(外籍人员 1 512 人),打捞遗体 506 具,获救财产价值为人民币 328.47 亿元。[①] 由此可见,中国在南海的搜救责任重大、任务艰巨,特别是三沙市管辖着 200 多万平方公里的海域,但这里缺乏必要的搜救基地,无法满足海上搜救快速、及时和有效的需求。

(二)我国完善岛礁海上搜救功能方面的建设具有充分的国际法理基础

从国际公约来看,作为《1979 年国际海上搜救公约》的缔约国,我国有义务为在其海岸附近遇险的人员提供适当的搜救服务,并做出必要的部署和计划,应对每一救助单位配置与其任务相适应的设施和设备。此外,《公约》也对完善海上搜救的设施建设和维护进行了规定,要求每个沿海国须促进有关海上安全充分的和有效的搜救服务的建立、经营和维持。[②] 作为"海上丝绸之路"的重点区域,中国完善岛礁的海上搜救功能建设有利于更好履行国际法义务,促进航行稳定安全。

(三)完善岛礁搜救功能繁忙的建设符合区际法的总体要求

2019 年,落实《南海各方行为宣言》第 17 次高官会议在杭州举行。会议期间,各方就全面有效落实《南海各方行为宣言》、加强海上务实合作以及"行为准则"磋商等议题深入交换了意见,认为当前局势趋稳向好,落实《各方行为宣言》、海上务实合作和"准则"磋商不断取得积极进展,有助于加强地区国家间信任和信心。各方同意继续致力于全面有效落实《南海各方行为宣言》,积极推动海上各领域合作,增进信任,凝聚共识,为维护和平稳定和共同发展而

---

① 史春林:《中国在岛礁建设搜救基地问题研究》,《太平洋学报》2017 年第 6 期,第 79 页。
②《联合国海洋法公约》第 24 条。

不懈努力。① 促进各国搜寻和救助作为《南海各方行为宣言》的重要内容,对岛礁建设提出了新的发展要求与思路。中国一再重申,我国的岛礁建设不针对任何国家,且岛礁建设带来的国际公共服务产品能够惠及各国。以完善岛礁建设搜救功能为契机,有利于充分贯彻落实《南海各方行为宣言》的内容。

(四)完善岛礁海上搜救功能建设符合国内法层面的总体要求

在 2007 年 4 月国务院审议通过的《国家水上交通安全和救助系统布局规划》中,强调海上搜救基地建设应根据风险程度,按照全面覆盖、重点加强、局部调整的原则进行分层次布局,形成全面覆盖搜救责任海域的救助网络,强化事故多发区和船舶密集区的力量配备,加强敏感源区和危险品运输集中海域的防护。中远端正是这样的海域。而海上搜救基地建设则是提供这种搜救服务的基础。②

目前,南海问题总体向着平稳可控的方向发展。面对美国等域外国家的舆论压力,中国应从政治和外交上去化解,坚持对话与合作主线,避免争议成为有关冲突的"引爆点"。岛礁建设给美国的"航行自由行动"带来了挑战,也让岛礁建设的问题处于风口浪尖。在此情形下,完善岛礁建设的搜救功能建设,以岛礁为基础打造"海上驿站",能够有效彰显岛礁建设和平利用海洋的价值,展示我国岛礁建设的善意,进而获得更为广泛的国际认同。

三、坚持以共益性建设为核心构筑"海上驿站"

随着我国岛礁建设取得阶段性的成就,我国岛礁建设未来的发展规划面临现实的选择。中国提出"一带一路"倡议的直接目的之一在于发展与周边国家的睦邻友好关系,共同将南海打造成和平之海、合作之海。岛礁建设与海上丝绸之路的构建存在一种辩证统一的关系。

(一)依托海上丝绸之路建设可以淡化岛礁建设所带来的不利影响

南海是构建海上丝绸之路的重点区域,海域资源丰富,更是世界航运繁

---

① 《落实〈南海各方行为宣言〉第 17 次高官会议在杭州举行》,http://www.xinhuanet.com/world/2019-05/19/c_1124514486.htm? baike,最后访问日期：2023 年 4 月 2 日。
② 史春林：《中国在岛礁建设搜救基地问题研究》,《太平洋学报》2017 年第 6 期,第 79 页。

忙的重要海域之一。中国的"21世纪海上丝绸之路"倡议坚持共商、共建、共享,以"五通"为合作重点。对于中国而言,海上丝绸之路的建设每向前一步都会释放巨大的善意。岛礁建设能够在以"五通"为核心的设施联通领域发挥关键作用。众所周知,航行面临传统与非传统两大因素的制约,中国岛礁建设可谓是应对这两种因素的重要举措。通过保障航行安全,可促进各国之间的经济往来,达到经济融通的效果。通过经济、政治等多方面的合作,可减少岛礁建设所带来的不利影响。

（二）中国岛礁建设对航行安全方面的建设要坚持"共益性"发展道路

作为全球公约的海洋治理有赖于资源共管、制度共建、利益共享、责任共担的"共益性"国际合作。中国作为世界第二大经济体,承担着构建和平安定的海洋秩序的重大责任,需要走出传统以"国家为中心"的功利主义范畴,积极推动国家社会"共益性"建设。在航行问题上,中国经过改革开放40多年的高速发展,一跃成为海洋大国,中国具有沿海大国和航行大国的双重身份,这意味着我国岛礁建设需要充分协调航行自由与主权行使的关系。我国岛礁建设为区域合作的物质基础提供了保障,积极在海上搜救、防灾减灾、海洋科研、气象观测、生态环境保护、航行安全、渔业生产等方面承担国际责任与义务,为中国和周边国家以及航行于南海的各国船只提供必要服务。

（三）"海上驿站"发展方向规划未来岛礁建设

南海海域具有陆地面积小、海况复杂、航线密集、灾难多发的特点,海上航行安全等公共服务严重不足,以上因素制约航行的发展。中国建设南沙、西沙等岛礁的重要目的是使之成为"海上驿站",通过改良岛礁的陆域空间环境、社会经济环境、自然生态环境,打造岛际互联、岛路互通的洋中"绿洲",并利用其实现航行安全中航道安全维护、后勤补给、防灾减灾、气象预警、海上救助等一系列公共服务。为穿越航行的船只提供保障服务。加强海上突发事件应急体系建设、海上搜救志愿队伍建设、海上搜救平台建设。[①]

综上所述,无论是从维护国家领土主权的角度出发,还是从履行国际法

---

① 郭中元、邹立刚:《中国南沙岛礁建设对岛礁法律地位的影响分析》,《新东方》2017年第1期,第5页。

义务的角度出发，中国都应在有关岛礁着力构建布局合理、层次分明、功能完善、性能可靠的"海上驿站"。目前，中国已经具备了一定的条件和基础，需要进一步加强和完善岛礁有关搜救设施和船只的建设。将岛礁打造为维护航行安全、保障航行自由的典范。

岛礁建设中产生航行问题的主要原因在于，部分国家为实现本国利益最大化，对航行自由的内涵进行有利于自身的解释，否认航行自由内涵的变化与发展。《公约》确立的海洋新秩序，改变了传统国际法中航行自由的内涵，航行自由所承担的义务有所增加，演变为权利义务相统一的航行权。沿海国的主权与其他国家的航行权不应该走向对立，而应当相互尊重。沿海国的岛礁建设能够改善航行条件，保障航行安全和航行自由。尽管部分岛礁建设活动可能会对周边水域航道产生暂时性的影响，但这些影响是轻微的、暂时的、可以消除的。岛礁建设不影响任何国家在海域的正常通行，我国对于禁止军舰无害通过我国岛礁周边水域的做法符合国际法的相关规定。

第六章
中国岛礁建设国内法体系的构建

　　岛礁建设属于国家主权活动,是海洋法中的重要问题。然而,由于《公约》本身的局限性,其没有对岛礁建设作出具体规定。在此情形下,从国家实践角度来看,一国岛礁建设行为应受到国内法的调整。我国在岛礁建设方面取得了重大成就,但国内法体系存在两个问题:海洋基本法的缺位和岛礁建设专门立法的缺失。因此,本章将目光聚焦在我国岛礁建设国内法律体系的建构上,在完成岛礁建设行为界定的基础上,分析借鉴域外国家在岛礁建设立法方面的先进成果,并提出我国岛礁建设立法的理论构想,为我国岛礁建设活动的顺利开展提供理论支持。

第一节　岛礁建设活动的国内立法基础

　　随着岛礁建设稳步推进,我国岛礁的生活条件得到改善,维权执法力量进一步增强,提供的国际公共服务产品更加丰富。[①] 近年来,围绕国家领土主权和海洋权益的问题呈现出愈演愈烈、日益复杂的趋势,尤其是中国在南沙群岛海域的岛礁建设活动引起了国际社会的广泛关注。[②] 我国学者在面对岛礁建设的国际法问题时几乎都采用了国际法学的研究方法,正面回应

---

① 习近平:《〈决胜全面建成小康社会夺取新时代中国特色社会主义伟大胜利〉:在中国共产党第十九次全国代表大会上的报告》,http://www.xinhuanet.com/2017-10/27/c_1121867529.htm,最后访问日期:2020年2月8日。
② 蒋小翼:《岛礁建设的国际环境法律义务解析》,《海南大学学报(人文社会科学版)》2017年第2期,第36页。

与驳斥以美国为首的西方国家之大肆炒作和宣扬行为，[1]并提出中国进行岛礁建设的合法性和合理性。[2] 相关的依据主要以《公约》和《南海各方行为宣言》为主。然而，岛礁建设的合法性依据并非只存在于国际法之中，对其进行规范调整和制度安排同样无法离开国内的立法活动。[3] 岛礁建设事关我国领土主权及海洋权益的维护。笔者认为，关于我国岛礁建设的法律问题研究不仅要立足国际法层面，而且要回归国内法层面。同时，岛礁建设作为我国重要涉海活动，在国内相关海洋法制度构建上也要有所体现，但就目前研究而言，这部分存在一定的欠缺。我们需要充分厘清岛礁建设的法律属性，以此为依据来选择适合我国国情的岛礁建设立法定位。在合理借鉴域外国家先进立法的基础上，对我国岛礁建设立法提出可行性建议。

一、岛礁建设活动的国内法规范定位

岛礁建设行为的基本属性是研究其规范定位的首要前提。在进行立法设计之前，有必要厘清岛礁建设行为在众多涉海活动中所处的分类情况和实际地位，为后文考量其应有之立法模式奠定基础。笔者认为，岛礁建设行为的法律属性有以下几点。

（一）岛礁建设属于海洋工程建设行为

海洋工程行为是指以开发、利用、保护、恢复海洋资源为目的，并且工程主体位于海岸线向海一侧的新建、改建、扩建工程的活动。[4] 基于此，在海岸线向海一侧对岛礁进行吹填、扩建活动具有海洋工程活动的特性，应归于海洋工程建设的范畴。[5] 首先，依据《防治海洋工程建设项目污染损害海洋环境管理条例》第 3 条第 2 款关于人工岛、海上设施的概念，岛礁建设行为及方式与条例中列举的部分活动具有高度的相似性，因此，将岛礁建设定义

---

① 赵阳、龚洪烈：《美国国会对中国岛礁建设的反应》，《太平洋学报》2016 年第 5 期，第 41 页。
② 郭中元、邹立刚：《中国岛礁建设的合法合理合情性》，《法学》2017 年第 2 期，第 91 页。
③ 俞世峰：《造岛行为的主权合法性判别》，《法学》2015 年第 7 期，第 137 页。
④ 《防治海洋工程项目污染损害海洋环境管理条例》第 3 条。
⑤ 中华人民共和国自然资源部：《为人民群众留下亲海空间》，http://www.mnr.gov.cn/dt/ft/nlsxn-jkcxtp_4779/201703/t20170329_2161747.html，最后访问日期：2019 年 5 月 28 日。

为一种海洋工程行为在法律上是较为合适的。[①]　其次,我国岛礁建设采取的施工位置、作业方式位于岛屿岸线之外,客观上呈现一种由外向内的总体施工进程,将其定义为海洋工程建设活动更符合客观事实。最后,我国对岛礁建设所作的回应更加充分印证了岛礁建设属于海洋工程活动的性质,保持了其性质对内对外的一致性。

(二)岛礁建设属于海岛保护行为

海岛保护行为是指以保护海岛及周边海域生态系统,合理开发利用海岛自然资源,维护国家海洋权益,并促进经济社会可持续发展为目的的行为。[②]　这一定义源于我国 2010 年生效的《海岛保护法》第 1 条。根据 2015 年 6 月 16 日中国外交部发言人的相关回答可知,如今的岛礁建设不仅包括填海新建行为,而且将来还要进行相关功能的基础设施建设。[③]　在这一要求下,对已经成型的岛礁之上进行相关的修缮活动,此过程必然会涉及海岛的生态保护以及海岛资源的利用问题,从而纳入海岛保护行为之中。[④]　岛礁建设是一项综合性工程,生态建设更是其中一个重要环节。[⑤]　因此,部分岛礁建设行为可以被评价为海岛保护行为,从而受到《海岛保护法》《海洋环境保护法》的约束,其对海岛生态系统保护、维护国家海洋权益等方面具有重要作用。

(三)岛礁建设属于陆域吹填行为

陆域吹填行为是利用专门的机器将远处海底的泥沙吹起而喷射到需要填海造岛之处,慢慢形成陆地的过程。陆域吹填行为是岛礁建设行为的起始,只有在完成陆域吹填工程阶段之后才会涉及岛礁本身的修缮和基础设施的建设。[⑥]　陆域吹填行为本身是一种事实行为,在国际法上可能会被评

---

① 《防治海洋工程项目污染损害海洋环境管理条例》第 2 条。

② 《中华人民共和国海岛保护法》第 1 条。

③ 刘艳峰、邢瑞利等:《中国岛礁建设与东南亚国家的反应》,《学刊》2016 年第 1 期,第 73 页。

④ 国家海洋局网站:《建设优美和谐的"生态岛礁"》,http://www.soa.gov.cn/xw/dfdwdt/jgbm_155/201703/t20170313_55132.html,最后访问日期:2020 年 2 月 8 日。

⑤ 丰爱平、王勇智:《南沙岛礁扩建工程未对珊瑚礁生态系统造成影响》,《中国海洋报》2015 年 6 月 10 日,第 11 版。

⑥ 外交部:《外交部发言人陆慷就中国南沙岛礁建设有关问题答记者问》,http://www.fmprc.gov.cn/web/ziliao_674904/zt_674979/dnzt_674981/qtzt/nhwt_685150/zxxx_685152/t1273364.shtml,最后访问日期:2020 年 2 月 8 日。

价为领土的添附，在国内法范畴中可能要受到我国《海域使用管理法》的调整与规范。① 然而我国《海域使用管理法》中所称的海域，是指中华人民共和国内水、领海的水面、水体、海床和底土。② 目前我国在南海所进行的吹沙填海之礁滩都有岩块露出水面。③ 有关资料显示，南海约有 170 种地貌特征，其中仅有 36 个面积较小的岛屿在高潮期时高出水面。④ 我国对南海岛礁享有领土主权，同样及于岛礁周边的海床和底土，陆域吹填的活动范围完全处于我国主权范围内，我国岛礁建设活动合法合理。然而，陆域吹填这种技术层面的表述不可与法律层面的概念混为一谈。

岛礁建设的以上三种属性之间并非相互排斥、互不相容；相反，它们之间存在着紧密的联系。⑤ 因为岛礁建设横跨海陆两个地理范围，既包含"陆域吹填"的海洋工程活动，也包括海岸线内的设施完善建设，其内容非常丰富。但是，通过分析后不难发现，这些活动都是围绕岛礁建设为核心而展开的。所以，运用岛礁建设此种具有高度概括性的表述，能够涵盖"生态环境建设"和"基础设施建设"两个重要属性，从而避免将岛礁建设活动局限于海洋工程或海岸工程的范围之内。综上所述，我国未来岛礁建设立法应以上述两个属性为考量前提，注重合理安排其在海陆不同领域的立法内容。

二、岛礁建设规范的模式分析

岛礁建设作为远洋岛屿海洋空间资源利用的新兴方式，国内法对其规范模式的定位要求既不能脱离客观性的基础，又要预留出一定的弹性空间。因此，选择切实有效的规范立法模式显得尤为重要。

（一）岛礁建设规范模式的范畴

对岛礁建设行为法律属性的认定决定了岛礁建设的基本规范模式。目

---

① 吴琼：《我国海域物权的法律分析》，《法治论丛》2008 年第 2 期，第 45—49 页。
② 《海域使用管理法》第 2 条。
③ 傅崐成、李敬昌：《若干国际法律问题》，《太平洋学报》2016 年第 7 期，第 8 页。
④ Daniel J. Dzurek. The Spratly Islands Dispute: who's on First? *International Boundaries Research Unit Maritime Briefing*, Vol. 2, 1996, p.5.
⑤ James Crawford. Islands as Sovereign Nations. *International and Comparative Law Quarterly*, Vol. 38, No. 277, 1989, p.181.

前学界并没有对岛礁建设规范模式的选取达成统一意见,而是存在着诸多不同的观点。笔者认为,这些观点主要可以归纳为以下三种。

1. 选择以立场文件的方式规范岛礁建设

有学者认为,我国推进岛礁建设并对其进行规范的方式应该是出台官方立场文件,阐述我国岛礁建设的基本立场和依据,揭示岛礁建设的目的,并就关键和重要的岛礁建设之事项予以规范和声明。[①] 此外,区分天然岛屿地貌和人工地貌具有一定难度,[②]所以,以立场文件的方式规范岛礁建设有以下两点重要的优势:一是具有直接性和回应性。通过立场文件的方式实现规范和声明,有助于改善我国岛礁建设活动在国际社会上所面临的尴尬局面,有助于化被动的撞击式反应为主动的超前性应对,以避免有关国家恶意炒作,蓄意制造波澜而使我国陷入不利的舆论环境。因此,这种规范模式能够直接回应有关国际社会的恶意做法,其产生的效果更为突出和明显。二是具有高效性。相比于其他一般的立法规范设计过程,以立场文件的方式规范岛礁建设所耗费的时间成本相对较低,其文件出台的过程总体具有很强的效率性。虽然它能够解决的规范性问题比较局限,但是这种做法有利于对日后具体的规范设计进行原则上的指导。

2. 通过完善《海岛保护法》中的相关规范,加强岛礁建设立法

有学者认为,我国推进岛礁建设并对其进行规范的方式应该着眼于《海岛保护法》这一部法律规范。[③] 该学者认为,《海岛保护法》的出台是国家首次通过立法的形式来加强对海岛的管理,规范海岛的开发利用以及环境保护工作。既然我国现行立法体系中已经存在与岛礁建设活动相关的国际法规范,那么,无需再次出台一部"岛礁建设法"或"岛礁建设条例",只需在现行有效的《海岛保护法》的基础上进行完善即可。以完善《海岛保护法》的方式规范岛礁建设活动有以下两点优势:一是有助于充分衔接与岛礁保护或建设活动相关的规范。对岛礁建设活动进行规范和调整,不仅需要构建其本身所应有的制度框架,而且需要注重此法与彼法之间的逻辑衔接关系,以

---

① 叶泉:《论沿海国岛礁建设的边界、效应及中国的应对》,《环球法律评论》2017 年第 3 期,第 190 页。

② Robert W. Smith. Maritime Delimitation in the South China Sea: Potentiality and Challenges. *Ocean Development and International Law*, Vol. 41, No. 217, 2010, p.77.

③ 马博:《审视南海岛礁建设法理性问题中的三个国际法维度》,《法学评论》2015 年第 6 期,第 160 页。

避免重复甚至矛盾性的立法。据此，如果以《海岛保护法》为基础，在其中进行适当增补，就能够在制定的过程中注重新增的规范与其他既存规范之间的衔接问题，对其中不符合现行岛礁建设活动的相关部分予以调整，使之适应现行局势下的新政策要求。二是规范设计上有坚实的理论基础为支撑。以《海岛保护法》为基础进行规范上的增补或修正，从理论上而言是适宜的。该法在正式出台前，在原草案增加了"维护国家海洋权益"的原则，在理论上已经充分考量并体现我国在东海以及有争议岛屿的归属、管理和利用的问题。因此，完善《海岛保护法》的相关规范本身同时符合《海岛保护法》的宗旨和要求。

3. 着眼于未来《海洋基本法》的制度构建

2016 年，国务院已将《海洋基本法》列入立法工作安排。[1] 我国对于起草《海洋基本法》的立法计划，除弥补综合性海洋立法不足外，还需要满足我国海洋立法新时期、新形势的需求。[2] 岛礁建设已成为当前情势下我国所面临的新兴热点问题。由此来看，岛礁建设应当寓于《海洋基本法》的框架之中。在制定《海洋基本法》的过程中，应尽可能考虑岛礁建设这一新兴问题，并予以规定。此种方式有以下几点优势：一是具有一定的前瞻性。着眼于未来《海洋基本法》的制度构建具有充分的前瞻性，制定一部《海洋基本法》并对其结构进行设计是当今海洋立法领域内的重要课题。岛礁建设活动的规范安排应该满足《海洋基本法》结构体系的基本要求，而不能只是以《海岛保护法》本身为视角。二是具有良好的统领性。在《海洋基本法》的制度框架下考量岛礁建设活动的相关规范设计，能够起到重要的统领作用，因为《海洋基本法》在制度构建的过程中不能将其设计得面面俱到，而是在设计相关规范时应做到一般性、原则性和统领性。因此，《海洋基本法》下的岛礁建设规范的位阶应高于《海岛保护法》，[3]其内容要能够对应并且指导未来《海岛保护法》及其他法律法规的修正和完善。

---

① 李欢：《〈海洋基本法〉等列入国务院 2016 年立法工作安排》，http://www.chinanews.com/gn/2016/04-20/7840703.shtml，最后访问日期：2019 年 8 月 25 日。
② 马明飞：《我国〈海洋基本法〉立法的若干问题探讨》，《江苏社会科学》2016 年第 5 期，第 181—184 页。
③ 周江：《时运渐具、时机未成：〈海洋基本法〉热的冷思考》，《中国海商法研究》2014 年第 2 期，第 12 页。

（二）对岛礁建设活动规范模式的辨析与评价

上述三种不同的对岛礁建设活动的规范模式各有优势，故在设计过程中应给予充分考虑。笔者认为，就当下的立法而言，应当综合以上三种模式，即形成以《海洋基本法》为统领，各项法律制度为补充的综合立法模式。如前所述，三种方式在证明岛礁建设的合法性、合理性、正当性方面殊途同归，在效率、效果、效力三个方面各有千秋，但前两种方式也有各自的短板。具体而言，主要有以下两点：

一是立场文件更多侧重于发挥对外宣告之功能。虽然立场文件的形式具有良好的直接性和回应性，但不可否认的是，这种方式不可能真正替代立法，其所能解决的问题更多地在于外部，并且发挥的是一种警诫其他国家并表达自身立场的行为，①甚至在立场文件所表达的事项中，很多依据还要来自自身所设立的国内法或缔结和加入的国际公约。尽管立场文件能够解决一定的外部性事项，并有助于国家摆脱尴尬的局面，但是它仍然需要其他立法予以支撑，而不能单独作为一种特定的规范形式。因此，出台相关立场文件对岛礁建设活动等相关事项进行说明和解释，并宣布自身立场的行为并不是一种最终的做法。

二是修订《海岛保护法》无助于提升海洋立法之效力。我国《海岛保护法》于 2010 年颁布实施，目前已初步形成了生态健康、景色优美、人岛和谐的海岛保护思路，基本确立了有序、有偿、有度的海岛开发利用格局。②《海岛保护法》所取得成绩是值得肯定的。但是，目前的《海岛保护法》缺乏对岛礁建设的有效规制，陆域吹填等新兴远海造陆方式没有得到及时体现。并且，制定《海洋基本法》是我国目前涉海立法的大势所趋，故在此时将立法之视角重回《海岛保护法》之中实为一种舍本逐末的做法。换言之，修订《海岛保护法》的工作需要待至《海洋基本法》出台之后才能够根据其原则或一般性要求重新调整《海岛保护法》③。在未来《海洋基本法》出台后，其位阶必然会在包括《海岛保护法》之内的大部分涉海管理法律之上，因此，在立法趋势集中于未来基本法的构建时，修订本国《海岛保护法》不是一种高效率的

---

① 宋继伟：《因应菲律宾仲裁案两岸立场文件比较分析》，《江海学刊》2017 年第 1 期，第 178 页。

② 樊祥国：《中国海岛保护与管理工作进展及发展思秋》，《海洋开发与管理》2016 年第 S2 期，第 4—5 页。

③ 常纪文：《完善〈海岛保护法〉的建议》，《环境保护》2009 年第 22 期，第 32 页。

做法。据此笔者认为这种做法是一种本末倒置的行为，不应该提前列入相关的立法计划和安排之中。

（三）将岛礁建设写入《海洋基本法》以奠定立法基础

第三种观点，即"着眼于未来《海洋基本法》的制度构建"比较符合目前的立法趋势，是一种切实可行的做法。我国岛屿资源丰富，特别是远洋群岛由于特殊的地理位置极具战略价值。2012年，海南三沙市的设立标志着我国岛礁建设与开发进入了一个全新的历史时期。在此情势下，我国岛礁建设立法实践应借势而上，把握机遇，在我国未来《海洋基本法》中谋得一隅。通过在《海洋基本法》对岛礁建设进行规定，可以明确岛礁建设在我国涉海法律体系中的作用和地位，为日后我国岛礁建设活动的专门立法和其他法律的修改奠定立法基础。

目前从学界的研究来看，对我国岛礁建设的立法体例的择取很大程度是基于本国国情予以考量的。然而，目前的研究对于域外岛礁建设海洋法立法的分析与借鉴仍然不够，对域外国家的相关法律法规的研究也比较浅薄，故需要进一步予以补充。

第二节　岛礁建设活动立法的域外经验

在域外众多国家之中，有诸多国家已将岛礁建设内容纳入本国海洋立法中。2007年4月20日，日本国会通过《海洋基本法》《海洋建筑物安全水域设定法》。印度尼西亚的《海洋法》并不直接说明"岛礁建设"这一事项和内容，而是统一使用"海洋工程建造"来抽象地进行概括。笔者认为，在寻求相关立法时，需要重点考虑以下两点内容：第一，由于我国未来海洋立法的趋势是形成一部完整的基本法，则在借鉴其他国家的立法时就要选取那些已经形成或基本形成综合性海洋立法体系的国家，例如日本。第二，参选岛礁开发管理立法体系较为完善的国家的海洋立法，这将有助于进一步完善我国岛礁建设涉海法律体系。

一、域外国家岛礁建设立法安排分析

在已经形成了综合性海洋立法体系的若干国家之中,岛礁建设的相关立法安排存在着诸多不同形式,各国在制度设计的"度"的把握上存在着较大差异,具体而言,可形成以下三种层次递进的安排模式。

(一)宣示性立法安排:仅提及国家管辖海域内岛礁建设的主权权利

有国家在对相关岛礁建设的立法安排过程中,只提及了相关主权权利,并没有规定具体的建设行为,使用这种做法比较典型的国家是加拿大。[①]根据加拿大《海洋法》第 14 条(b)项的规定,加拿大拥有在其专属经济区内建立和使用人工岛、设施及构造物的主权权利。以上规定是对《公约》内容的重复,加拿大《海洋法》并没有设立专门的章节甚至专门的条文来调整和规范岛礁建设,除了这一个比较笼统性的条文之外,并没有特别具体的规定。

(二)概括式立法安排:以"海洋工程建设"为内容进行规范

有些国家并没有在其本国的立法中以"岛礁建设"为起始点进行设计,而是笼统地以"海洋工程建设"或"海上构筑物和设施"为内容进行规范,使用这种做法比较典型的国家是印度尼西亚。[②] 与加拿大《海洋法》不同的是,印度尼西亚的《海洋法》并不简单地规定国家管辖海域内岛礁建设的主权权利,而是进行了具体规范。只是这种规范形式并不是直接针对岛礁建设,而是笼统地涵盖于"海洋工程建设"或"海上构筑物和设施"。由于岛礁建设本身属于该种活动范畴,因此,涉及调整和规范岛礁建设活动的行为应该受到该法"海洋工程建设"规范的调整。根据印度尼西亚《海洋法》第 31 条的规定,从事各种海上构筑物和设施的建造和建设:① 不应该影响海上运输通道和印度尼西亚群岛海岛的航行;② 要预先划定相关的安全区;③ 须征得相关管理部门的许可和同意;④ 保护近海资源和岛屿资源;⑤ 需

---

① 《加拿大海洋法》第 14 条。
② 李峰、郑先武:《历史承续、战略互构与南海政策:印尼佐科政府海洋强国战略探析》,《太平洋学报》2016 年第 1 期,第 64 页。

要制定相关的标准、要求以及相关机制。① 显然，岛礁建设活动作为海洋工程建设活动中的一种，应同样遵循这些基本要求。印度尼西亚对岛礁建设活动的立法内容源于《公约》的规定，只是在此基础上有所突破。

（三）综合型立法模式：制定《海洋基本法》与岛礁建设法律多措并举

作为远离大陆的岛国，地缘位置决定了日本的海洋国家特征，即在生产力水平取得发展后，表现出向外扩展的行为理念，产生寻求物质生活资源的冲动。② 以上情况在日本海洋立法层面表现为一种强烈的扩张性与侵略性。日本非常重视岛屿建设开发，这一点在离岛（指附属于日本本土的岛屿）的建设与保护方面体现得尤为明显。早在 20 世纪 80 年代，日本就对"冲之鸟"进行加固建造。③ 在 2007 年，日本国会通过的《海洋基本法》第 26 条规定中，离岛的保护更是重中之重，其内容涉及离岛的交通安全与便利、资源开发与利用、生态环境保护与改善、驻岛居民社会福祉等。④ 2010 年 2 月 9 日，日本通过了《为促进专属经济区和大陆架的保全和利用对低潮线保全和相关设施完善法》。⑤ 此外，日本还于 2012 年修改了《离岛振兴法》。日本在离岛建设与保护方面的立法已经形成以《海洋基本法》为"母法"，以《离岛振兴法》《关于保护低潮线和配备基地设施法》《离岛航道整备法》等为重要内容的综合型法律体系。⑥ 通过对特定离岛进行建设保护低潮线，并以岛礁为据点侵占周边广阔的水域，以寻求国家利益的最大化。以上法律内容体现出日本的岛礁建设立法相对完善，但是也存在片面追求国家利益、夸大岛礁建设作用的问题。

二、域外国家岛礁建设立法安排对我国的借鉴

通过比较上述国家岛礁建设的立法安排可知，不同力度的立法安排能

① 《印度尼西亚海洋法》第 34 条。
② 郝月峰、毕亚娜：《安倍修宪与日本国家战略目标探析》，《日本学刊》2017 年第 5 期，第 32 页。
③ 薛桂芳：《〈联合国海洋法公约〉与国家实践》，海洋出版社 2011 年版，第 117 页。
④ OPRI 海洋政策研究所：《海洋（基本）法令》，https://www.spf.org/opri-j/projects/ocean-policy/japan/ordinance/，最后访问日期：2020 年 5 月 18 日。
⑤ 金永明：《日本海洋立法新动向》，《现代国际关系》2010 年第 3 期，第 30 页。
⑥ 李晓冬等：《主要周边国家海岛管理法规选编》，海洋出版社 2015 年版，第 1 页。

够体现出国家对其岛礁建设立法的重视程度,但无论采用哪种形式,岛礁建设规范都应该在一国的海洋法或海洋基本法中有所体现。笔者认为,无论何种立法模式或立法安排,都对我国有一定的借鉴意义。我国在将岛礁建设相关规范纳入本国涉海法律体系的过程中,不应该全盘照搬某个国家的具体安排,而应该将其中有用并适合于我国具体国情的部分加以借鉴和吸纳。具体而言,其他国家岛礁建设立法安排对我国的借鉴作用主要体现在以下几点。

（一）借鉴加拿大立法之中的宣示性安排

尽管加拿大《海洋法》并没有通过设立专章或者专条的方式来调整并规范岛礁建设活动,但是该法第 14 条的宣示性做法我国有必要借鉴。我国《海洋基本法》应明确我国岛礁建设活动的合法性,在对外起到宣示性作用的同时对内发挥为具体岛礁建设活动提供坚实的支撑作用。需要明确的是,借鉴加拿大立法中的宣示性安排并不意味着我国未来《海洋基本法》就照搬加拿大立法模式,即只宣示岛礁建设活动的合法性。[①] 在保留这一部分立法时,还需要补充其他几个国家的具体制度安排,针对岛礁建设进行相对具体的规定,以明确其中最具一般性和统领性的规范。

（二）借鉴印度尼西亚的大类框架模式

印度尼西亚有着"千岛之国"的美誉,其海洋立法具有高度的扩张性。[②] 通过分析印度尼西亚《海洋法》,笔者认为该法所使用的"海洋工程建设"这一类大的框架标题可以为我国所借鉴。[③] 基于其法律属性,岛礁建设属于海洋工程建设行为的一种,然而,海洋工程建设行为并不必然指代岛礁建设活动,还有其他海上构筑物的建造等。需要明确的是,我国未来《海洋基本法》除了要对岛礁建设活动进行相应调整和规范之外,还要顾及其他海洋工程建设行为,不能以偏概全进而忽略了其他建设性行为受到《海洋基本法》调整的可能。因此,借鉴印度尼西亚大类框架式的模式既能够满足岛礁建

---

① 薛桂芳:《〈联合国海洋法公约〉与国家实践》,海洋出版社 2011 年版,第 85 页。
② 薛桂芳:《〈联合国海洋法公约〉与国家实践》,海洋出版社 2011 年版,第 155 页。
③ 刘畅:《印度尼西亚海洋划界问题:现状、特点与展望》,《东南亚研究》2015 年第 5 期,第 35—40 页。

设行为受到相应调整的结构性要求，又可以给其他海洋建设工程活动预留出足够的立法空间。而调整岛礁建设活动的相关条文可以在这个"海洋工程建设"大的标题下进行安排和设置，使整体布局更具有逻辑性和合理性。

（三）借鉴日本的综合式布局的立法方式

日本作为一个岛屿国家，高度重视海洋问题。日本通过制定位阶较高的《海洋基本法》，为本国岛礁发展与保护构建了顶层设计，同时，其注重岛礁建设相关法律的整体架构，使整个法律体系趋于完善。相较于前两个国家的做法，笔者认为日本的做法对我国未来岛礁建设立法更具有借鉴意义。日本《海洋基本法》第 26 条明确了国家作为主体在岛屿、离岛开发方面的主导作用，通过逻辑分析可知其中涉及岛礁建设活动的基本内容，例如国家应采取必要措施保障离岛经济发展、确保海上运输安全、改善海洋资源的开发利用、保护岛屿及离岛的生态环境等。[1] 而关于岛礁建设具体环节中所涉及的内容，可制定下位法分别进行规定。日本的立法路径为我国未来的岛礁建设海洋立法提供了较为合理的参考模式。目前，我国涉海法律较为完善，但是缺乏一部具有统领全局的综合性海洋立法，即《海洋基本法》。岛礁建设是《海洋基本法》不可或缺的组成部分，也是对我国岛礁建设所取得成就的肯定与认可。

综上所述，我国未来关于岛礁建设的立法进路应该综合借鉴加拿大、印度尼西亚以及日本的立法成果，并取其精华为我所用。未来应制定、颁布《海洋基本法》，并对部分涉海法律中岛礁建设内容进一步完善，形成以《海洋基本法》为顶层制度设计、其他专门立法为制度支撑的综合型和立体式的法律体系。

第三节　我国岛礁建设之立法择取及制度构成

通过对其他国家相关立法进行剖析和比较，笔者认为，我国岛礁建设的

---

① 《日本海洋基本法》第 26 条。

当务之急是制定一部《海洋基本法》。我国未来《海洋基本法》对岛礁建设的规范安排应包括两部分内容：岛礁建设权利的宣示性条文；以"远洋岛屿开发与保护"为标题关于岛礁建设的规范性条文。

一、《海洋基本法》中岛礁建设立法的总体要求

除了明确我国岛礁建设之定位应着眼于未来《海洋基本法》的制度构建之外，笔者认为，在制度构建时应理清两个基本要求。

（一）我国岛礁建设规范设置应与《公约》相契合

我国作为《联合国海洋法公约》的缔约国，应切实履行该公约的相关要求，尤其对于其中与我国利益密切相关的内容，更应该在我国未来出台的《海洋基本法》中予以宣示和体现。中国在南海的岛礁建设行为，恰好是积极履行《公约》和《宣言》的正当行为。[①] 具体而言，我国应该在基本法中明确我国在相关海域进行岛礁建设活动的合法性和排他性。《公约》第56条规定，沿海国在专属经济区内对人工岛屿、设施和结构的建造和使用享有管辖权。岛礁建设不同于人工岛屿，故我国在设置相关规范时，需将其抽离并放置于"海洋工程建设"中，还应与建造人工岛屿的相关规定区分。当今国际法学界认为"变礁为岛"行为是对"人类共同继承财产"的蚕食鲸吞，[②]但主权国家对于本国领土的利用亦是主权权利的重要内容。《公约》与其他国际公约、国际习惯并不是对立的关系，而是一种并行不悖的情形，[③]所以，岛礁建设立法除契合《公约》精神之外，还要充分保持岛礁建设的独立价值品格，并兼顾其陆地性和海洋性的双重特征。

（二）我国未来《海洋基本法》需对岛礁建设作出方向性指引

我国开展岛礁建设重在民事设施建设和公共服务能力的开发，这是我

---

① 王勇：《中国在南沙群岛扩礁加固行为的国际法效力问题》，《太平洋学报》2015年第9期，第16页。

② Roger O'Keefe. Palm-Fringed Benefits: Island Dependencies in the New Law of the Sea. *International and Comparative Law Quarterly*, Vol. 45, No. 2, 1996, p.419.

③ 高之国、贾兵兵：《论南海九段线的历史、地位和作用》，海洋出版社2014年版，第39页。

国作为一个负责任的大国为促进区域合作、发展海洋经济作出的努力，同时也契合"一带一路"倡议，为建设"21 世纪海上丝绸之路"奠定基础。[①] 然而，设立一部《海洋基本法》本身要求其条文具有高度的统领性、一般性和原则性，而不是在每部涉海法律中做到"不留死角"。所以，关于岛礁建设过程中所产生的法律问题，应依据具体情形选择适用的法律。我国岛礁建设既是基础设施建设、民生改善建设，更是生态文明建设。[②] 以上活动涉及海域使用、环境保护、海洋科学等方面，然而，就我国目前的海岛开发管理类的法律而言，主要包括《宪法》《领海及毗连区法》《专属经济区和大陆架法》《海洋环境保护法》《海域使用管理法》《海岛保护法》及其大量的行政法规、地方性法规、配套规章等。[③] 以上法律规定都为岛礁建设活动奠定了法律基础。但是，随着岛礁建设的稳步推进，对上述法律的完善和修改提出了新的要求，为新制度的建立创造了新的契机。

二、我国未来岛礁建设的立法进路

笔者认为，我国岛礁建设立法的具体要求应包括以下三个部分。

（一）一般性岛礁建设权利宣告

我国应该在未来出台的《海洋基本法》中明确岛礁建设的权利表达："我国对中华人民共和国领土范围内的岛屿及岩礁的开发、保护活动享有管辖权"，之后就无需在具体的构造规范中重复提及这一管辖权。

（二）设置"远洋岛屿的开发与保护"为标题，将岛礁建设囊括在内

应在未来的《海洋基本法》中明确我国对远洋岛屿管理和保护的基本措施，确立国家在岛礁建设活动中的主导地位。同时，将岛礁建设内容置于其下，与海洋工程建设、海岸工程建设等进行开放式列举，共同作为我国海洋

---

① 王丽娜：《我国南海岛礁民事功能建设若干法律问题研究》，《海南大学学报（人文社会科学版）》2016年第 6 期，第 23—27 页。
② 《国家海洋局关于进一步推进生态岛礁工程实施的指导意见》，http://www.soa.gov.cn/zwgk/zcgh/fzdy/201802/t20180209_60335.html，最后访问日期：2020 年 5 月 18 日。
③ 马得懿：《海岛主权争端适用有效控制规则的国内法逻辑》，《法律科学（西北政法大学学报）》2014年第 6 期，第 86—96 页。

开发与管理的重要内容,以此充分彰显岛礁建设的独立品格,防止我国的岛礁建设成果沦为人工岛屿。

(三) 完善岛礁建设的专门立法

自然资源永久主权是国家主权不可分割的一部分。[①] 岛礁建设亦是和平利用海洋资源的一种新形式。完善岛礁建设的法律体系需要处理好以下几个领域的重要问题:① 岛礁建设的范畴。应明确岛礁建设工程所包括的事项,例如相应的专用设施、航行标志、岛礁建设中的必要装备等。② 岛礁建设中的安全性问题。岛礁建设中的安全性问题包括需要明确航行通道安全,设置相应的安全带以及设置适当航行和危险信号、标志等。③ 岛礁建设与海洋环境保护、保全的相关问题。④ 岛礁建设与航行自由之间的关系。岛礁建设活动不应该干扰正常的船舶航行,不影响其他国家无害通过的权利。以上内容都将成为我国未来岛礁建设立法活动的重要内容,以及保障岛礁建设合法性的重要国内法依据。

领土主权利用方式的不断发展与《公约》引领的新海洋秩序风云际会,加剧了原本纷繁复杂的领土争端。科技的发展进一步提高了人类的造陆能力。[②] 面对新形势,我国应顺势而为,深入研究岛礁建设问题,促进领土法理论的推陈出新。我国在南海进行岛礁建设的目的是改善中国驻岛人员的生活条件。[③] 岛礁建设的成就也为中国与其他周边国家在相关海域进行共同开发创造了有利条件。[④] 在我国《海洋基本法》制定之际,应将岛礁建设活动纳入其中。鉴于《海洋基本法》在我国整个涉海法律体系中的基础性地位,岛礁建设的相关规范应符合《海洋基本法》的立法体例,对岛礁建设进行原则性的条文设置。在涉及岛礁建设专门立法方面,我国应着重解决岛礁建设的范畴、安全标准、环境保护问题以及航行问题。

---

① 杨泽伟:《国际法析论》,中国人民大学出版社 2012 年版,第 157 页。

② 谈中正:《科技发展与法律因应:人工固岛的国际法分析》,《武大国际法评论》2013 年第 2 期,第 71—95 页。

③ 外交部:《中国在有关岛礁建设活动是为改善驻岛人员工作和生活条件》,http://world.people.com.cn/n/2014/0909/c1002-25628596.html,最后访问日期:2020 年 5 月 28 日。

④ 杨泽伟:《仲裁案后南海共同开发:机遇、挑战及中国的选择》,《海南大学学报(人文社会科学版)》2017 年第 6 期,第 2 页。

结　语

　　《公约》是对世界海洋秩序的再次划分,开创了 21 世纪海洋秩序的新局面。随着国际社会对海洋资源的认识进一步深化,引起了世界范围内的"蓝色圈地运动",国家间的海洋争端日益加剧。自 20 世纪 70 年代开始,历经 40 多年的发展,海洋争端呈现多元化的发展趋势,其中岛礁建设争端作为近年来具有代表性的争端备受瞩目。岛礁建设是国际法认可的增加国家领土或扩大国家管辖范围的一种方式,岛礁建设遵守相应的国际法规范不受任何国家的干涉。由于岛礁的特殊性质,即受领土法与海洋法双重规范,岛礁建设对岛礁的"权利基础"和"划界效力"的认定带来冲击,由此引发国际社会对于海洋环境保护、航行问题的思考。中国在南海的岛礁建设,是在自身管辖海域内依托现有岛礁而实施的人工添附,并未损害其他国家或国际社会的利益,其合法性毋庸置疑。由于《公约》在岛礁建设方面的制度缺失,以及海陆法律体系间的制度张力,解决好岛礁建设争端有赖于推进岛礁建设的法律制度构建。

　　本书以我国岛礁建设为主线,通过研究国际法理论、考察具体国家实践、分析国际司法案例,并从岛礁建设的基础理论出发,厘清岛礁建设的发展脉络及其国际法制度发展进程,从权利基础、法律效力、行为后果三方面对所谓"南海仲裁案"裁决中涉及岛礁建设的相关诉求予以反驳,并对我国未来岛礁建设国内法律体系的构建提出设想。本书的研究主要得出以下几点结论。

　　第一,"岛礁建设"的概念有狭义和广义之分。狭义的岛礁建设是指国家对其主权控制下的岛屿、岩礁和低潮高地所实施的人工添附建设;广义的岛礁建设包括国家对其主权控制下的岛屿、岩礁及低潮高地实施的一系列主权活动。岛礁建设的基础理论研究关系后续问题研究的发展方向。岛礁建设的国际法理论研究滞后于国家实践,从岛礁建设的实施位置来看,其没有脱离主权国家的领土范围,然而受到汉语构词方式的影响,岛礁的对象应作扩大解释,其范围包括岛屿、岩礁和领海内及主权性质水域内的低潮高地;在建设的内容方面,集人工添附开发空间资源的工程建设、便于人类居住和提高自身经济水平的功能建设、保护和改善环境的生态建设为一体。

第二,我国岛礁建设有着充分的主权合法性基础。岛礁建设争端表现为对岛礁建设权利基础的误判,包括对主权国家群岛权利的割裂性论断、海洋地物的整体性取得权利、岛礁建设过程中的损益行为等。对于上述问题的认识与处理,必须坚持《公约》所确立的"以陆定海"基础原则,结合国际法关于领土及争端解决的规则,尊重主权国家包含岛礁建设在内的领土改良利用行为。沿海国进行岛礁建设的行为早已有之,但现行国际法并未对岛礁建设给出明确定义。随着科技水平的不断提高,人工添附作为领土取得的方式,被应用到远洋岛礁上,因此,岛礁建设存在权利基础合法性的判定。主权合法性要求被添附的客体能够受主权支配并且具有合法的权源。我国将岛礁作为整体主张领土主权,我国对诸岛的领土主权的形成经历漫长的历史时期,得到了国际条约的确认以及国际社会的广泛承认,故我国岛礁建设在主权合法性层面不存在任何瑕疵。

第三,岛礁建设的权利核心是我国对岛礁的领土主权,岛礁建设领土解决策略不能动摇。国家主权原则贯穿整个岛礁建设活动的始末。岛礁建设作为主权活动的集中体现,在国际法层面中存在着不同表现。首先,《公约》中岛屿资格的认定具有模糊性,虽然岛礁建设能够改变岛礁的物理存在,却不能改变其法律地位,而岛屿的认定问题存在悖论,我国出于对岛礁的整体性考虑,宣示了对岛礁的领土主权,诸岛自古以来就是中国的领土,不存在利用岛礁建设改变岛礁资格的主观意图。其次,岛礁建设能够作为判定岛屿主权归属的重要证据。在领土争端中,实施岛礁建设的一方能够在相互竞争的权源中占据更有优势的地位,岛礁建设的实施具有较强的主权行为综合性特征,因此,能够体现争端的一方实施了主权活动。最后,岛礁建设在海洋划界方面也存在一种修正效力。这种效力体现在岛礁建设改造中的基点、建造基点并影响基线走向的问题。当然,在对海洋划界结果的影响方面,岛礁建设的修正效力仍然需要遵从《公约》中的限制性规定。因此,我国作出的"中国的岛礁建设不改变岛礁的法律性质,不影响与周边国家的海洋划界"回应,具有充分的国际法理依据。

第四,我国岛礁建设符合行为合法性层面的国际法要求。我国南沙岛礁的扩建工程经过了科学评估与论证,而这种评估和论证是建立在科学决策和广泛参与的基础上的。科学评估与论证的数据资料,源于多年来对南海地区生态系统特征、物理海洋、地质、地貌的综合考察和探索。根据我国法律法规的要求,在评估和论证过程中,着重研究分析了岛礁建设规模的适宜性、选址合理性、生态环境影响、渔业资源影响、工程地质、通航可行性等内容。对方案的优劣尤其是可能导致的生态环境以及渔业资源的影响进行了科学预测与评估,排除了对岛礁海洋生态环境影响大的方案,选择了最优方案。不仅如此,建设方还邀请了多名国内知名专家,多次召开咨询会议,并对建设方案的合理性与可行性进行了深入论证。

第五,我国关于岛礁建设的国内立法水平与现实需要存在一定的差距。岛礁建设是近年来我国在海洋资源开发方面的新突破、新领域,相对应的法律规范制度并不成熟。我国的岛礁建设国内法律制度的完善离不开对域外国家的法律制度的借鉴。因此,应将岛礁建设与我国未来的《海洋基本法》的内容相结合,重视对远洋岛屿的保护与开发,合理利用岛礁建设,巩固我国对岛礁的领土主权,同时完善岛礁建设的相关法律内容。

本书的研究未能穷尽岛礁建设所引起的所有法律问题。沧海桑田的梦想由于岛礁建设已经变成现实,由于《公约》受到所处时代的限制未能充分预见到岛礁建设今日的蓬勃发展,故岛礁建设的国际法规则的形成还在不断发展和完善,岛礁建设作为应对气候变暖、海平面上升的重要手段,可以维持岛屿国家的存续,为相关人员提供栖身之所。21世纪是海洋的时代,更是岛屿的时代,随着岛礁建设在全球海洋范围内的广泛应用,势必还会引起更多的国际法问题。目前,南海局势有所缓和,中国与东盟国家正面对峙减少,2018年《南海行为准则》单一磋商文本草案已经形成,面向未来,岛礁建设必然构成南海问题的重要组成部分,还有许多更有意义的法律问题有待挖掘,这都将成为笔者后续研究的重点。

参考文献

一、中文文献

（一）专著

［1］陈德恭：《现代国际海洋法》，海洋法出版社 2009 年版。

［2］傅崐成：《海洋法精要》，上海交通大学出版社 2014 年版。

［3］傅崐成：《海洋法专题研究》，厦门大学出版社 2004 年版。

［4］傅崐成：《海洋法的相关公约及中英文索引》，厦门大学出版社 2005 年版。

［5］高之国、贾兵兵：《论南海九段线的历史、地位和作用》，海洋出版社 2016 年版。

［6］何志鹏：《国际法哲学导论》，社会科学文献出版社 2014 年版。

［7］何志鹏等：《国际法的中国理论》，法律出版社 2017 年版。

［8］贺其志：《国家责任法及案例浅析》，法律出版社 2003 年版。

［9］贾兵兵：《国际公法理论与实践》，清华大学出版社 2009 年版。

［10］孔令杰：《领土争端成案研究》，社会科学文献出版社 2016 年版。

［11］林灿铃、吴汶燕：《国际环境法》，科学出版社 2018 年版。

［12］马英杰：《海洋环境保护法概论》，海洋出版社 2012 年版。

［13］许健：《全球治理语境下国际环境法的拓展》，知识产权出版社 2013 年版。

［14］薛桂芳：《〈联合国海洋法公约〉与国家实践》，海洋出版社 2011 年版。

［15］杨翠柏：《南沙群岛主权法理研究》，商务印书馆 2015 年版。

［16］杨泽伟：《国际法》，高等教育出版社 2012 年版。

［17］袁发强等：《航行自由的国际法理论与实践研究》，北京大学出版社 2018 年版。

［18］张海文：《〈联合国海洋法〉释义集》，海洋出版社 2006 年版。

［19］张晏瑢：《海洋法案例研习》，清华大学出版社 2015 年版。

［20］周鲠生：《国际法》，武汉大学出版社 2009 年版。

［21］周枏：《罗马法原论》，商务印书馆 1994 年版。

［22］周永坤：《法律学：全球视野》（第四版），法律出版社 2016 年版。

［23］梁淑英：《国际法教学案例》，中国政法大学出版社 1999 年版。

［24］贾兵兵：《国际公法：和平时期的解释与适用》，清华大学出版社 2015 年版。

［25］王铁崖：《国际法》，法律出版社 2005 年版。

［26］程晓霞、余民才：《国际法》，中国人民大学出版社 2008 年版。

［27］吴士存：《国际海洋法最新案例精选》，中国民主法制出版社 2016 年版。

［28］邵津：《国际法》，高等教育出版社 2008 年版。

［29］赵理海：《海洋法问题研究》，北京大学出版社 1996 年版。

［30］金永明：《海洋法问题专论》（第一卷），海洋出版社 2011 年版。

［31］赵建文：《国际法新论》，法律出版社 2000 年版。

［32］蔡守秋、常纪文：《国际环境法学》，法律出版社 2004 年版。

［33］林灿铃、吴汶燕：《国际环境法》，科学出版社 2018 年版。

［34］朱庆林：《海洋环境保护》，中国海洋大学出版社 2014 年版。

［35］马英杰、何伟宏：《中国海洋环境保护法概论》，科学出版社 2018 年版。

［36］马呈元：《国际法》，中国人民大学出版社 2019 年版。

［37］梁西：《国际法》，武汉大学出版社 2015 年版。

［38］杨泽伟：《国际法析论》，中国人民大学出版社 2012 年版。

（二）译著

［1］［美］阿瑟·努斯鲍姆：《简明国际法史》，张小平译，法律出版社 2011 年版。

［2］［意］安东尼奥·卡塞斯：《国际法》，蔡从燕译，法律出版社 2009 年版。

［3］［美］E.博登海默：《法理学：法律哲学与法律方法》，邓正来译，中国政法大学出版社 2010 年版。

［4］［荷］格劳秀斯：《论海洋自由或荷兰参与东印度贸易的权利》，马忠法译，上海人民出版社 2005 年版。

［5］［美］汉斯·凯尔森：《国际法原理》，王铁崖译，华夏出版社 1989 年版。

［6］［奥］凯尔森：《法与国家的一般理论》，沈宗灵译，中国百科全书出版社 1996 年版。

［7］［美］肯尼思·华尔兹：《国际政治理论》，信强译，上海人民出版社 2017 年版。

［8］［英］马尔科姆·N.肖：《国际法》，白桂梅、高健军等译，北京大学出版社 2011 年版。

［9］［英］梅里尔斯：《国际争端解决》，韩秀丽等译，法律出版社 2013 年版。

［10］［英］罗伯特·詹宁斯：《国际法上的领土取得》，孔令杰译，商务印书馆 2018 年版。

［11］［澳］维克多·普莱斯考特、吉莉安·D.崔格斯：《国际边疆与边界：法律、政治与地理》，孔令杰、张帆译，社会科学文献出版社 2017 年版。

[12] [英]伊恩·布朗利:《国际公法原理》,曾令良等译,法律出版社 2003 年版。

[13] [古希腊]亚里士多德:《政治学》,吴寿彭泽,商务印书馆 1980 年版。

[14] [英]劳特派特修订:《奥本海国际法》(上卷第二分册),王铁崖、陈体强译,商务印书馆 1989 年版。

[15] [德]萨拉·奥本海:《奥本海国际法》,詹宁斯、瓦茨修订,王铁崖译,中国大百科全书出版社 1998 年版。

[16] [法]让·博丹:《主权论》,李卫海、钱俊文译,北京大学出版社 2008 年版。

[17] [美]马汉:《海权论》,李少彦、董绍峰、徐乐等译,海洋出版社 2013 年版。

(三)期刊论文

[1] 白佳玉等:《大陆国家远洋群岛制度的习惯国际法分析与我国适用》,《广西大学学报(哲学社会科学版)》2018 年第 2 期。

[2] 白续辉:《领海基点保护视角下岛礁灭失国际法问题探析》,《社会科学辑刊》2017 年第 6 期。

[3] 曹英志、范晓婷:《论领海基点和基线问题的发展趋势》,《太平洋学报》2009 年第 1 期。

[4] 傅崐成、李敬昌:《若干国际法律问题》,《太平洋学报》2016 年第 7 期。

[5] 傅崐成、郑凡:《群岛的整体性与航行自由:关于中国在适用群岛制度的思考》,《上海交通大学学报(哲学社会科学版)》2015 年第 6 期。

[6] 管建强:《南海"仲裁案"后续法律应对的关键问题研究》,《中国法学》2016 年第 5 期。

[7] 郝月峰等:《安倍修宪与日本国家战略目标探析》,《日本学刊》2017 年第 5 期。

[8] 何志鹏等:《对历史性权利与海洋航行自由的国际法反思》,《边界与海洋研究》2018 年第 3 期。

[9] 何志鹏:《领土被海水完全淹没国家的国际法资格探究》,《东方法学》2014 年第 4 期。

[10] 黄炎:《中国扩建"美济礁"行为的国际法效力研究》,《中南大学学报(社会科学版)》2016 年第 3 期。

[11] 黄瑶、凌嘉铭:《从国际司法裁决看有效控制规则的适用:兼论南沙群岛主权归属》,《中山大学学报(社会科学版)》2011 年第 4 期。

[12] 贾宇:《南海航行自由:问题、规则与秩序》,《亚太安全与海洋研究》2019 年第 3 期。

[13] 贾宇:《中国在南海的历史性权利》,《中国法学》2015 年第 3 期。

[14] 蒋小翼:《岛礁建设的国际环境法律义务解析》,《海南大学学报(人文社会科学版)》2017 年第 2 期。

[15] 金永明：《岛屿与岩礁的法律要件论析：以冲之鸟问题为研究视角》，《政治与法律》2010 年第 12 期。

[16] 刘中民：《领海制度形成与发展的国际关系分析》，《太平洋学报》2008 年第 3 期。

[17] 罗国强：《中国在南海填海造地的合法性问题》，《南洋问题研究》2015 年第 3 期。

[18] 马得懿：《海岛主权争端适用有效控制规则的国内法逻辑》，《法律科学（西北政法大学学报）》2014 年第 6 期。

[19] 马明飞：《我国〈海洋基本法〉立法的若干问题探讨》，《江苏社会科学》2016 年第 5 期。

[20] 马博：《审视南海岛礁建设法理性问题中的三个国际法维度》，《法学评论》2015 年第 6 期。

[21] 曲波：《岛屿争端的判定》，《社会科学辑刊》2015 年第 5 期。

[22] 曲波：《国际法院解决岛屿主权争端适用的法律原则》，《法学杂志》2011 年第 2 期。

[23] 谈中正：《科技发展与法律因应：人工固岛的国际法分析》，《武大国际法评论》2013 年第 2 期。

[24] 王军敏：《论南沙群岛的群岛地位》，《法治研究》2016 年第 4 期。

[25] 王丽娜：《我国南海岛礁民事功能建设若干法律问题研究》，《海南大学学报（人文社会科学版）》2016 年第 4 期。

[26] 王勇：《中国在南沙群岛扩礁加固行为的国际法效力问题》，《太平洋学报》2015 年第 9 期。

[27] 王勇：《中国在南海地区构建远洋群岛法律制度析论》，《政治与法律》2016 年第 2 期。

[28] 吴蔚：《联合国海洋法公约中人工岛屿概念及其辨析》，《武汉理工大学学报（社会科学版）》2014 年第 3 期。

[29] 杨泽伟：《仲裁案后南海共同开发：机遇、挑战及中国的选择》，《海南大学学报（人文社会科学版）》2017 年第 6 期。

[30] 叶泉：《论沿海国岛礁建设的边界、效应及中国的应对》，《环球法律评论》2017 年第 3 期。

[31] 杨显滨：《海上人工岛屿的国际法规制》，《社会科学》2017 年第 6 期。

[32] 俞世峰：《造岛行为的主权合法性判别》，《法学》2015 年第 7 期。

[33] 张国斌：《〈联合国海洋法公约〉"适当顾及"研究》，《中国海洋法学评论》2014 年第 2 期。

[34] 张正：《联合国海洋法公约与中国岛礁建设问题》，《学术探索》2016 年第 5 期。

[35] 赵心：《从国际法角度解读中国南沙岛礁建设的法律性质问题》，《理论与改革》

2015 年第 6 期。

[36] 周江：《论我国主权主张中的"附近海域"》,《重庆理工大学学报(社会科学)》2011
　　　年第 9 期。

[37] 邹克渊：《〈联合国海洋法公约〉实施中的若干新问题》,《中山大学法律评论》2013
　　　年第 2 期。

[38] 邹克渊：《岛礁建设对领土争端的影响：国际法上的挑战》,《亚太安全与海洋研
　　　究》2015 年第 5 期。

[39] 邹克渊：《国际海洋法对构建人类命运共同体的意涵》,《中国海洋大学学报(社会
　　　科学版)》2019 年第 3 期。

[40] 邹立刚：《适用于南沙群岛的领海基线法律问题研究》,《河南财经政法大学学报》
　　　2013 年第 3 期。

[41] 刘艳峰、邢瑞利、郑先武：《中国岛礁建设与东南亚国家的反应》,《学刊》2016 年第
　　　1 期。

[42] 郭中元、邹立刚：《中国南沙岛礁建设对岛礁法律地位的影响分析》,《新东方》2017
　　　年第 1 期。

[43] 张卫彬：《中越南沙群岛之争的证据分量比较：基于国际法院解决领土争端判案
　　　规则视角》,《太平洋学报》2014 年第 10 期。

[44] 任雯婧：《法国南沙群岛政策与"九小岛事件的研究"》,《中国边疆史地研究》2019
　　　年第 3 期。

[45] 张卫彬：《争议领土主权归属仲裁证据规则研究：基于证据分量视角分析中菲主
　　　权争端》,《太平洋学报》2015 年第 6 期。

[46] 张卫彬：《中国拥有南沙群岛主权证据链的构造》,《社会科学》2019 年第 9 期。

[47] 江河、郑实：《争端和平解决的路径冲突及其化解：以国家主权的双重属性为框
　　　架》,《政法论丛》2017 年第 5 期。

[48] 张卫彬：《争端关键日期的确定》,《法商研究》2018 年第 6 期。

[49] 牟文富：《断续线与总体空间秩序》,《太平洋学报》2019 年第 11 期。

[50] 余敏友、张琪悦：《岛礁建设对维护我国主权与海洋权益的多重意义》,《世界与海
　　　洋研究》2019 年第 2 期。

[51] 黄瑶、黄靖文：《对美国国务院报告质疑中国断续线的评析与辩驳》,《国际法研究》
　　　2015 年第 3 期。

[52] 曲波：《禁反言在国际法中的适用：以领土争端案为例》,《法学杂志》2014 年第
　　　8 期。

[53] 荆鸣：《论南海仲裁案实体裁决中岛屿和岩礁判断基准的瑕疵》,《中国海商法研

究》2018 年第 1 期。

[54] 周江：《论洋中群岛的领海基线划定》，《法商研究》2015 年第 4 期。

[55] 王涌、郑崇伟、郑亚波、陈明荣：《中国岛礁建设对三沙通航环境的影响分析研究》，《海洋开发与管理》2017 年第 1 期。

[56] 任洪涛：《论海域环境保护管辖的冲突与协调》，《河北法学》2016 年第 8 期。

[57] 冯寿波：《消失的国家：海平面上升对国际法的挑战与应对》，《现代法学》2019 年第 2 期。

[58] 薛桂芳：《"一带一路"视阈下中国—东盟海洋环境保护合作机制的构建》，《政法论丛》2019 年第 6 期。

[59] 张丽娜、王晓艳：《论海域环境合作机制》，《海南大学学报（人文社会科学版）》2014 年第 6 期。

[60] 姚莹：《东北亚区域海洋环境合作路径选择："地中海模式"之证成》，《当代法学》2010 年第 5 期。

[61] 侯丽维、张丽娜：《全球海洋治理视阈下"蓝色伙伴关系"的构建》，《南洋问题研究》2019 年第 3 期。

[62] 孙超、马明飞：《海洋命运共同体思想的内涵和实践路径》，《河北法学》2020 年第 1 期。

[63] 马博：《海平面上升对小岛域国家的国际法挑战与应对："中国—小岛屿国家合作展望"》，《国际法研究》2018 年第 6 期。

[64] 邢瑞利：《美国对"航行自由"问题的安全化建构及中国应对》，《太平洋学报》2019 年第 4 期。

[65] 曲波：《国际法上的历史性权利》，《吉林大学社会科学学报》2015 年第 5 期。

[66] 曹文振、李文斌：《航行自由：中美两国的分歧与对策》，《国际论坛》2016 年第 7 期。

[67] 郑实：《美国"航行自由行动"的法理根基与双重性质：兼任中国的因应之道》，《武大国际法评论》2020 年第 1 期。

[68] 史春林：《中国在岛礁建设搜救基地问题研究》，《太平洋学报》2017 年第 6 期。

[69] 赵阳、龚洪烈：《美国国会对中国岛礁建设的反应》，《太平洋学报》2016 年第 5 期。

[70] 郭中元、邹立刚：《中国岛礁建设的合法合理合情性》，《法学》2017 年第 2 期。

[71] 吴琼：《我国海域物权的法律分析》，《法治论丛》2008 年第 2 期。

[72] 周江：《时运渐具、时机未成：〈海洋基本法〉热的冷思考》，《中国海商法研究》2014 年第 2 期。

[73] 宋继伟：《因应菲律宾仲裁案两岸立场文件比较分析》，《江海学刊》2017 年第 1 期。

［74］樊祥国：《中国海岛保护与管理工作进展及发展思路》，《海洋开发与管理》2016 年第 33 期。

［75］常纪文：《完善〈海岛保护法〉的建议》，《环境保护》2009 年第 22 期。

［76］李峰、郑先武：《历史承续、战略互构与政策：印尼佐科政府海洋强国战略探析》，《太平洋学报》2016 年第 24 期。

［77］金永明：《日本海洋立法新动向》，《现代国际关系》2010 年第 3 期。

［78］刘畅：《印度尼西亚海洋划界问题：现状、特点与展望》，《东南亚研究》2015 年第 5 期。

（四）学位论文

［1］崔波：《南海航行自由与海洋资源开发冲突的协调》，东北财经大学博士论文，2016 年。

［2］樊懿：《海洋法下的岛礁之辨》，武汉大学博士学位论文，2013 年。

［3］田辽：《南海争端的相关法律问题研究》，武汉大学博士学位论文，2013 年。

［4］吴蔚：《人工岛屿建造之国际法问题研究》，武汉大学博士学位论文，2014 年。

［5］张国斌：《无害通过制度研究》，华东政法大学博士学位论文，2015 年。

（五）报刊

［1］丰爱平、王勇智：《南沙岛礁扩建工程未对珊瑚礁生态系统造成影响》，《中国海洋报》2015 年 6 月 10 日，第 11 版。

（六）电子文献

［1］习近平：《〈决胜全面建成小康社会夺取新时代中国特色社会主义伟大胜利〉：在中国共产党第十九次全国代表大会上的报告》，http://www.xinhuanet.com/2017 - 10/27/c_1121867529.html，最后访问日期：2024 年 2 月 12 日。

［2］《菲驻华大使：杜特尔特与习近平通电话不同寻常》，http://news.qq.com/a/20170505/047113.htm，最后访问日期：2024 年 2 月 12 日。

［3］《南沙岛礁扩建工程不会对海洋生态环境造成破坏》，http://www.soa.gov.cn/xw/hyyw_90 /201506/t20150618_38598.Html，最后访问日期：2024 年 2 月 12 日。

［4］《外交部就叙利亚局势、中国岛礁建设等答问》，http://www.chinanews.com/gn/2017/04 - 07/8193857.shtml，最后访问日期：2024 年 2 月 12 日。

［5］《中方：对赤瓜礁有绝对主权若在建设也属主权内》，http://news. 163.com/14/0516/08/9SBQFGUB000146BE. Html，最后访问日期：2024 年 2 月 12 日。

［6］《国际法院就尼加拉瓜和哥斯达黎加边境问题作出裁决》，http://news.m4.cn/2015 - 12/1296336.shtml，最后访问日期：2024 年 6 月 8 日。

［7］《国家海洋局关于印发〈全国海岛保护工作"十三五"规划〉的通知》，http://www. soa.gov.cn/zwgk/zcgh/fzdy/201701/t20170120_54616.html，最后访问日期：2024 年 2 月 12 日。

［8］《发展中的中国和中国外交：王毅在美国战略与国际问题研究中心的演讲》，https://www.fmprc.gov.cn/web/wjbz_673089/zyjh_673099/t1343410.shtml，最后访问日期：2024 年 2 月 12 日。

［9］《建设优美和谐的"生态岛礁"》，http://www.soa.gov.cn/xw/dfdwdt/jgbm_155/201703/t20170313_55132.html，最后访问日期：2024 年 2 月 12 日。

［10］《外交部发言人陆慷就中国南沙岛礁建设有关问题答记者问》，http://www. fmprc.gov.cn/web/ziliao_674904/zt_674979/dnzt_674981/qtzt/nhwt_685150/zxxx_685152/t1273364.shtml，最后访问日期：2024 年 2 月 12 日。

［11］李欢：《〈海洋基本法〉等列入国务院 2016 年立法工作安排》，http://www.chinanews. com/gn/2016 - 04 - 20/7840703.shtml，最后访问日期：2024 年 2 月 12 日。

［12］OPRI 海洋政策研究所：《海洋（基本）法令》，https://www.spf.org/opri-j/projects/ocean-policy/japan/ordinance/，最后访问日期：2024 年 2 月 12 日。

二、英文文献

（一）专著

［1］Bardo Fassbender et al. *The History of International Law*. Oxford University Press，2012.

［2］Bardo Fassbender. *The United Nations Charter as the Constitution of the International Community*. Martinus Nijhoff Publishers，2009.

［3］Cinnamon P. Carlarne et al. *International Climate Change Law*. Oxford University Press，2016.

［4］Clive R. Symmons. *Historic Waters in the Law of the sea: A Modern Reappraisal*. Marinus Nijhoff Publishers，2008.

［5］Clive R. Symmons. *The Maritime Zones of Islands in International Law*. Martinus Nijhoff Publishers，1979.

［6］David A. Colson et al. *International Maritime Boundaries*. Marinus Nijhoff Pubulishers，2005.

［7］Donald R. Rothwell. *The Law of the Sea*. Oxford University Press，2015.

［8］ Esmaeli Hossein. *The Legal Regime of Offshore Oil rigs in International Law*. Dartmouth Publishers，2001.

［9］ Isabelle Buffard. *International Law between Universalism and Fragmentation*. Martinus Nijhoff Publishers，2009.

［10］ Kermit L. Hall ed. *The Oxford Companion to American Law*. Oxford University Press，2002.

［11］ Myres S. McDougal and Wiliam T. Burke. *Public Order of the Oceans*. Yale University Press，1962.

［12］ R.R.Churchill and A. V. Lowe. *The Law of the Sea*. Manchester University Press，1999.

［13］ Robert E. Scott et al. *The Limits of Leviathan Contract Theory and the Enforcement of International Law*. Cambridge University Press，2006.

［14］ Shaw M. N. *International law*. Cambridge University Press，2008.

［15］ Stephen C. Neff. *Justic Among Nations a History of International Law*. Harvard University Press，2014.

［16］ Victor Prescott and Clive Schofield. *The Maritime Political Boundaries of the World*. Martinus Nijhoff Publishers，2005.

［17］ Zhang Haiwen. *The Unnited Nations Convention on The Law of the Sea and China*. China International Press，2014.

［18］ Nikos，Papadakis. *The International Legal Regime of Artificial Islands*. Martinus Nijhoff Publishers，1977.

(二) 期刊论文

［1］ A. Daniel. Legal Implications of China's Land Reclamation Projects in the Spratly Islands. *New York University International Law Journal*，Vol. 47，2015.

［2］ A. L. Morgan. The New Law of the Sea：Rethinking the Implications for Sovereign Jurisdiction and Freedom of Action. *Ocean Development and International Law*，Vol. 27，1996.

［3］ A. Soons. Artificial Islands and Installations in International Law. Law of the Sea Institute. *University of Rhode Island*，1973.

［4］ A.M.J. Heijmans. Artificial Islands and Law of Nations. *Netherlands International Law Review*，Vol. 21，1974.

［5］ B. Aristotelis Alexopoulos. Legal Regime of Uninhabited Islets and Rocks in

International Law: The Case of the Greek Seas. *Ocean Development and International Law*, Vol. 56, 2003.

[6] C.F. Amerasinghe. The Problem of Archipelagoes in the International Law of the Sea. *The International and Comparative Law Quarterly*, Vol. 23, 1974.

[7] C. James. Islands as Sovereign Nations. *International and Comparative Law Quarterly*, Vol. 38, 1989.

[8] Dutton. et al. There Disputes and There Objectives: China and the South China Sea. *Naval War College Review*, 2011.

[9] G. Alex Elferink. Artificial Islands, Installations and Structures. *Max Planck Encyclopedia of Public International Law*, Vol. 5, 2008.

[10] J. Daniel Dzurek. The Spratly Islands Dispute: who's on First? *International Boundaries Research Unit Maritime Briefing*, Vol. 2, 1996.

[11] K. Barbara and Alfred H.A. soons. Entitlement to Marine areas of Rocks Which Cannot Sustain Human Habitation or Economic Life of Their Own. *Netherlands yearbook of International Law*, Vol. 21, 1990.

[12] Karang et al. Construction of Artificial Island in Southern Coast of the Persian Gu lf from the Viewpoint of International Environmental Law. *Journal policy and Law*, Vol. 10, 2017.

[13] L. Andrew Silverstein. Okinotorishima: Artificial Preservation of a Speck of Sovereignty. *Brook International Law Journal*, Vol. 16, 1990.

[14] M. Erik Jaap. Airports at Sea: International Legal Implications. *The International Journal of Marine and Coastal Law*, 1999.

[15] M. John. Artificial reef debate: Habitat enhancement or waste disposal? *Ocean Development and International Law*, Vol. 25, 1994.

[16] M. John Van Dyke and A. Robert Brooks. Uninhabited Islands: Their Impact on the Ownership of the Ocean's Resource. *Ocean Development and International Law*, Vol. 7, 1983.

[17] M. John Van Dyke. Islands and the Delimitation of Ocean Space in the South China Sea. *Ocean Yearbook*, Vol. 10, 1993.

[18] O. Roger Keefe. Palm-Fringed Benefits: Island Dependencies in the New Law of the Sea. *International and Comparative Law Quarterly*, Vol. 45, 1996.

[19] R. CliveSymmons et al. Baseline Publicity and Charting Requirements: An Overlooked Issue in the UN Convention on the Law of the Sea. *Ocean Development and*

International Law，Vol. 41，2010.

［20］ R. Nina. Whose Land Is It Anyway：The Territorial and Maritime Dispute over the Spratly Islands. *Florida International University Law Review*，Vol. 12，2017.

［21］ S. Stephen Wakefield. ASEAN，China and the South China Sea：Between a Rock and a Low Tide Elevation. *U.S.F. Maritime Law Journal*，Vol. 29，2016.

［22］ S. Suzanne Kimble. Is China Making Waves inInternational Waters by Building Artificial Islands in the South China Sea. *Tulane International Law and Comparative Law*，Vol. 24，2015.

［23］ W. Robert Smith. Maritime Delimitation in the South China Sea：Potentiality and Challenges. *Ocean Development and International Law*，Vol. 41，2010.

(三) 研究报告

［1］ U. S. Department of Defense. *Annual Freedom of Navigation Report*. Fiscal Year 2018，March 19，2019.

［2］ Matthew Southerland. *China's Island Building in the South China Sea: Damage to the Marine Environment*，*Implications and International Law*. Washington，DC：U. S. — China Economic and Security Review Commission，2016.

(四) 案例类

［1］ Case Concerning Land，Island and Maritime Frontier Dispute（EL Salvador v. Honduras: Nicaragua intervening). *Judgment*，*I.C.J. Reports*，1992.

［2］ Fisheries Case (United Kingdom v. Norway). *Judgment*，*I.C.J. Reports*，1951.

［3］ Frontier Dispute（Burkina Faso v. Republic of Mali）. *Judgment*，*I. C. J. Reports*，1986.

［4］ I.C.J. Case Concerning Sovereignty Over Pulau Ligitan and Pulau Sipadan (Indonesia v. Malaysia). *Judgment*，*I.C.J. Reports*，2002.

［5］ Land and Maritime Boundary between Cameroon and Nigeria（Cameroon v. Nigeria：Equatorial Guinea intervening). *I.C.J. Reports*，2002.

［6］ Marine Delimitation and Territory Questions（Qatar Bahrain). *Judgment I.C.J. Reports*，2001.

［7］ The South China Sea Arbitration（The Republic of Philippines v. The People's Republic of China). *P.C.A. Reports*.

◢ 索 引

"国家安全法治研究丛书"已出版书目

总体国家安全观法治理论研究

非传统安全理论研究：以总体国家安全观为分析框架

国际法框架下航行自由制度研究

数字时代的金融平台和加密资产：技术、风险和规制

数字时代的货币：风险和监管

国际法体系下的岛礁建设：问题与实践